El autor, Stephen W. Hiemstra, vuelve a lograrlo! Esta vez a través de un estudio profundo de las Bienaventuranzas en su libro Vida en Tensión. Lo interesante de su estudio es que esta enmarcando en base de todas las escrituras, no solo el Nuevo Testamento. Sus intuiciones y comparaciones nos hacen considerar aspectos de las Bienaventuranzas que quizás no hubiésemos pensado en el pasado. Las oraciones al final de cada sección son realmente alentadoras y nos llevan a practicar el Shalom.

Nohemi Zerbi
Pastora Laica

La tensión que existe en nuestra sociedad es cada vez mas intensa y demoledora a nuestra fe, y con ello nos convierte en vulnerables en nuestras emociones y sentimientos. Vida en Tensión es libro de profundas meditaciones de la Palabra de Dios que trae a nuestras vidas una esperanza viva a causa de la gracia redentora. El autor, Stephen W. Hiemstra, nos regala este libro que hace un gran contrapeso contra la tensión natural que ejerce el pecado en la vida de todo ser humano. Toda persona debera leer Vida en Tensión para recibir el consuelo y alivio que encontramos en cada reflexión, solo con el amor genuino de Jesucristo expresado en las bienaventuranzas por las almas y aquellos que esta pasando por la desesperanza y el valle de lagrimas por la tensión puede traer esperanza a cada corazon abatido.

Honro a Dios por la vida de Stephen quien lo ha inspirado a escribir y compartir con nosotros este estupendo regalo de amor.

Pastor Misionero Julio Martnez
Fundador de Iglesia Shadai DC
Pastor Principal de FDVA Church en Phoenix, AZ
Miembro del Cuerpo Ejecutivo de los Ministerios Hispanos en USA de la IPHC.

Vida en Tensión es un libro que ha llenado mi vida de enseñanzas basadas en las escrituras, es un libro estructurado con un contenido fácil de leer y de entender y que hace énfasis en las bienaventuranzas y en la importancia de vivir llenos de los frutos del Espíritu Santo. El saber que somos mansos y humildes de corazón honra a Dios, y que somos pacificadores te invita a vivir una vida de comunión estrecha con nuestro Padre Celestial. Vida en Tensión te lleva a un viaje del conocimiento de Jesús y su relación con los apóstoles. Este libro tiene una sección de preguntas al final de cada capítulo que te invita a reexaminar que parte de este mismo se has logrado comprender y asimilar. He tendido la oportunidad de leer tres libros del autor, Stephen W. Hiemstra, y en todos he visto su capacidad de redactar hermosas oraciones que te llevan a un contacto directo con cada necesidad que experimenta un ser humano.

Hermana Thais Culbreath

Iglesia Shadai DC

Otros Libros del Autor:

A Christian Guide to Spirituality

Called Along the Way

Everyday Prayers for Everyday People

Life in Tension

Living in Christ

Oraciones

Prayers

Prayers of a Life in Tension

Simple Faith

Spiritual Trilogy

Una Guía Cristiana a la Espiritualidad

VIDA EN TENSIÓN

Camino casi olvidado en invierno

VIDA EN TENSIÓN

Reflexiones sobre las Bienaventuranzas

Stephen W. Hiemstra

T2Pneuma Publishers LLC
Centreville, Virginia

VIDA EN TENSIÓN:
Reflexiones sobre las Bienaventuranzas

©2021 Stephen W. Hiemstra. Todos los derechos reservados. ISNI: 0000-0000-2902-8171

Publicado en ingles en el 2016 bajo el título: *Life in Tension: Reflections on the Beatitudes.*

Todos los derechos reservados. Con la excepción de breves fragmentos utilizados en artículos y revisión crítica, ninguna parte de esta obra puede ser reproducida, transmitida o almacenada en cualquier forma, impresa o electrónica, sin el permiso previo y por escrito de los titulares.

T2Pneuma Publishers LLC
P.O. Box 230564, Centreville, Virginia 20120
http://www.T2Pneuma.com

ISBNs: 978-1-942199-37-3 (Paperback)
        978-1-942199-72-4 (Kindle)
        978-1-942199-89-2 (EPub)

Library of Congress Control Number: 2020916232

Todas las citas bíblicas, a menos que se indique lo contrario, se toman de la Nueva Biblia De Los Hispanos (NBH). ©2005 by The Lockman Foundation. Usadas con permiso.

Gracias a mis editoras, Ingrid Martinez, Thais Culbreath, y Nohemi Zerbi por sus comentarios y apoyo en este proyecto.

Traducido al español y diseño de la cubierta por el autor.

CONTENIDO

PREFACIO.. ix

AGRADECIMIENTOS..................................... xix

INTRODUCCIÓN

El Evangelio como una Plantilla Divina................. 3

Tensión entre Nosotros Mismos............................8

Tensión con Dios 14

Tensión con los Demás.................................... 21

Las Bienaventuranzas..................................... 26

PARTE A: TENSIÓN ENTRE NOSOTROS MISMOS

1.0 HONRADOS SON LOS POBRES EN ESPÍRITU

1.1: Honrados Son los Pobres en Espíritu................. 37

1.2: Declaración de la Misión............................ 42

1.3: Sea Humilde, Sea Sal y Luz......................... 47

1:4: Vivir Pobre en Espíritu 53

2.0 HONRADOS LOS QUE LLORAN

2.1: Gozo en Tristeza.................................... 61

2.2: Lamento sobre Pecado............................... 70

2.3: La Muerte Significa Resurrección......................77

2.4: El Luto Define Identidad................................ 81

3.0 HONRADOS LOS MANSOS

3.1: Resolver la Tensión de la Identidad....................89

3.2: La Mansedumbre de Dios Habla Volúmenes......... 95

3.3: Manso es el Gen Pastoral...............................103

3.4: Lidere desde de la Mansedumbre.................... 107

PARTE B: TENSIÓN CON DIOS

4.0 HONRADOS LOS QUE TIENEN HAMBRE Y SED

4.1: Busca el Reino de Dios Apasionadamente............117

4.2: Hambre y Sed por Dios................................ 123

4.3: Necios por Cristo....................................... 129

4.4: En Cristo se Restaura la Integridad................. 135

5.0 HONRADOS LOS MISERICORDIOSOS

5.1: Muestra Misericordia, Recibe Misericordia......... 141

5.2: Los Valores Centrales de Dios........................147

5.3: Misericordia como Camino a Salvación..............152

5.4: Jesús Modela la Ética de la Imagen....................157

6.0 HONRADOS LOS DE CORAZÓN LIMPIO

6.1: Sean Santos, Porque Soy Santo........................ 163

6.2: Un Corazón Limpio y Un Espíritu Recto............ 168

6.3: Poda, Intensifica, y Aplica............................. 174

6.4: Viviendo en Nuestra Llamada.........................181

PARTE C: TENSIÓN CON LOS DEMÁS

7.0 HONRADO SON LOS PACIFICADORES

7.1: Haz la Paz—Encarna a Shalom...................... 193

7.2: Principe de Paz.. 199

7.3: Trinidad de Paz.. 207

7.4: Paz en los Términos de Dios.......................... 215

8.0 HONRADOS SON LOS PERSEGUIDOS

8.1: Promueve Rectitud...................................... 223

8.2: Sufrimiento Recto.. 228

8.3: Paradoja Cristiana.......................................234

8.4: Bendigan a los que los Persiguen.................... 239

9.0 HONRADOS SON LOS VITUPERADOS

9.1: La Persecución se Convierte Personal.............. 247

9.2: El Sufrimiento a Menudo Anticipa Salvación...... 255

9.3: La Persecución puede ser Transformadora......... 260

9.4: Persecución y Letargo Espiritual..................... 267

CONCLUSIONES

Prioridades Sorprendentes..................................... 279

Enlaces Espirituales y Tensiones............................285

El Camino Adelante...290

REFERENCIAS... 295

ÍNDICES BÍBLICOS.. 305

ACERCA DEL AUTOR.. 313

PREFACIO

Porque Yo soy el SEÑOR su Dios.

Por tanto, conságrense y sean santos, porque Yo soy santo.

(Lev 11:44)

Cuando Dios entra en nuestras vidas, cambiamos. Este cambio pasa por que reflejamos más y más la imagen de Dios en nuestras vidas y el Espíritu Santo trabaja en nuestros corazones y mentes cuando el velo es quitado (2 Cor 3:16). El apóstol Pablo llama este proceso santificación (Rom 6:19), que significa que aceptamos la invitación de Cristo hasta como un viaje durante toda la vida a hacer más santo—sagrado y apartado—y bajo la guía del Espíritu Santo por el camino. Como la iglesia de Cristo—los llamados, nuestra santificación es una actividad de grupo y, como cualquier actividad donde individuos viajan a su propio paso, es de esperarse que haya tensión entre los creyentes.

Introducción

¿Tensión? ¿Cuál tensión? Se necesita la santificación porque pecamos. Los pecadores nos separamos de otras personas, de Dios, y de la persona que Dios nos creó a ser. La santificación presumiblemente reduce nuestros pecados, nos anima a permanecer en unión con Dios, y nos acerca a la persona que Dios nos creó para ser, pero también amplía la brecha entre nosotros y aquellos que se resisten al Espíritu Santo (1 Ts 5:19). Por esta razón, los pecados y la santificación ambos pueden causar tensión en las tres relaciones.

La tensión surge a diario, como un pastor observa:

> ¿Querría beber de una copa sucia?[1] Claro que no. Si uno recibiera una copa sucia, se rechazaría la sucia y pediría otra.

Alguien acostumbrado a copas limpias inmediatamente reconocería una sucia. Cuando modelamos nuestras vidas según Cristo, revelamos nuestra identidad como cristianos; estamos separados de los que nos rodean en tensión con el mundo. Como portadores de imágenes conscientes, naturalmente comenzamos a compartir la tensión que existe entre Dios y este mundo, lo que implica que la forma en que vivimos y cómo morimos es importante para Dios.

Esta tensión que sentimos es una imagen subjetiva reflejando tres brechas que podemos describir objetivamente. La primera brecha es dentro de nosotros y se describe la distancia entre nuestra persona natural y la persona quien Dios nos creó para ser. Esta brecha puede conducir a la humillación en los ojos del mundo y a la vergüenza dentro de nosotros, al darnos cuenta de cuán lejos nos hemos alejado de la imagen de Dios para nosotros. La segunda brecha es entre nosotros y los demás que puede conducir al aislamiento, el ridículo, y la persecución, ya que no podemos correr con la multitud o aceptar sus normas. La tercera es la brecha entre nosotros y Dios creado por pecado que puede conducir a sentimientos de miedo, abandono y pérdida de poder espiritual, a medida que nos damos cuenta de lo que significa vivir sin la presencia y las bendiciones de Dios.

¿Puedes sentir la tensión creada por estas brechas—la vergüenza, el aislamiento, y el miedo? ¿Te puedes imaginar ser perseguido por tus creencias? ¿Estás de acuerdo o tratas de escapar? ¿Como respondemos creativamente a esta tensión?

Solo con estas tres brechas, estamos perdidos; pero en Cristo nunca estamos solos. Cristo trabaja en nuestras vidas para cerrar estas brechas a través de su ejemplo reconciliador en la vida, su obra expiatoria en la cruz, y su don habilitador del Espíritu Santo. El Espíritu Santo nos permita por gracia a media de la fe a participar activamente en nuestra propia santificación cuando compartimos la paz de Dios en medio de las tensiones de la vida.

Las Bienaventuranzas

Temprano en su ministerio, Jesús predicó un sermón, lo que fue un tipo de servicio de comisión para sus discípulos. Aconsejó a sus discípulos a ser humildes, llorar, ser mansos, perseguir la justicia, ser misericordiosos, ser santos, hacer la paz, ser perseguidos por las razones correctas y llevar la persecución como una insignia de honor (Mt 5: 1–11). Increíblemente, en medio de este sermón y a pesar de la oposición esperada, Jesús dice:

> Ustedes son la luz del mundo. Una ciudad situada sobre un monte no se puede ocultar; ni se enciende una lámpara y se pone debajo de una vasija (un almud), sino sobre el candelero, y alumbra a todos los que están en la casa. Así brille la luz de ustedes delante de los hombres, para que vean sus buenas

acciones y glorifiquen a su Padre que está en los cielos. (Mt 5:14–16)

Esta parábola sobre la luz ofrece dos ideas importantes para nuestra comprensión de la tensión. Primero, este pasaje no tiene sentido a menos que exista tensión entre la oscuridad y la luz; normalmente la luz expulsa la oscuridad. Secundo, este pasaje alude a las historias sobre la creación donde leemos:

La tierra estaba sin orden y vacía, y las tinieblas cubrían la superficie del abismo ... Entonces dijo Dios: Sea la luz. Y hubo luz. Dios vio que la luz era buena; y Dios separó la luz de las tinieblas. (Gen 1:2–4)

La creación implicó crear luz. La implicación es que los cristianos quienes abrazan la tensión con el mundo por medio de la luz de Cristo están participando en un segundo evento de creación (2 Cor 5:17).

Al reconocer el trabajo de creación en nuestras vidas, participamos por medio del Espíritu Santo, no solamente en nuestra santificación, pero también en la santificación de los demás. En otras palabras, el proceso de reducir una brecha en nuestras vidas afecta las otras (Nouwen 1975, 15). Atender al pecado en nuestra vida, por ejemplo, facilita la relación con los demás y también nos abre al Espíritu Santo. Asimismo, reducir nuestra brecha con Dios hace que sea más fácil apreciar el amor de Dios por quienes están cerca de nosotros y nos anima a sentir el poder corrupto del pecado en nuestras propias vidas. En la economía de Dios nada es por nada.

La Estructura del Libro

Al explorar las dimensiones espirituales de tensión en nuestras vidas, reflexionamos sobre las Bienaventuranzas en el Evangelio de Mateo. Las Bienaventuranzas presentan el Sermón del Monte de Jesús y priorizan sus enseñanzas. Debido a que el sermón funciona como un servicio de ordenación para los discípulos, la importancia de las Bienaventuranzas para la iglesia primitiva, la espiritualidad cristiana, y el discipulado no puede ser exagerada.[2]

Los capítulos de este libro se dividen en tres partes: tensión con nosotros mismos (parte

A), tensión con Dios (parte B), y tensión con los demás (parte C). Cada parte contiene tres de las nueve Bienaventuranzas que se encuentran en el Evangelio de Mateo (enumerado del uno a nueve con puntos decimales para identificar secciones particulares entre ellas).

Cuatro secciones aparecen para cada Bienaventuranza. La primera sección enfoca en entender lo que Jesús dijo y cómo lo explicó. La segunda sección examina el contexto de cada Bienaventuranza a la luz del Antiguo Testamento. La tercera sección examina el contexto a la luz del Nuevo Testamento. ¿Cómo respondieron los apóstoles a la enseñanza de Jesús? Y la sección final aplica la Bienaventuranza a un contexto contemporáneo y cómo debemos responder. Cada reflexión va acompañada de una oración y preguntas para seguir estudiando.

Soli Deo Gloria

∞

Padre de los cielos,

Creo en Jesucristo, el hijo de Dios, quien murió por nuestros pecados y fue resucitado de los muertos.

Ven a mi vida, ayúdame a renunciar al pecado en mi vida que me separa de Dios.

Límpiame de este pecado, renueva tu Espíritu Santo dentro de mí hasta que no peque más.

Trae santos y una iglesia fiel a mi vida para ser honesto conmigo mismo y acercarme más a ti.

Rompe las cadenas que me atan al pasado, ya sean dolores, penas o tentaciones dolorosas, para que yo pueda acogerme libremente a Dios, el Padre, en mi vida, que a través de Jesucristo puede cerrar cualquier brecha y sanar cualquier aflicción, ahora y siempre.

En el nombre preciosos de Jesucristo, Amén.

Notas

1 "Would you drink from a dirty cup? No—of course not. If you were given a dirty cup, you would refuse the cup and ask for another." Pastor Anthony K. Bones of African Gospel Church of Nairobi, Kenya (http://AGCKenya.org) speaking at Trinity Presbyterian Church, Herndon, Virginia on January 14, 2015.

Pastor Anthony K. Bones of African Gospel Church of Nairobi, Kenya (http://AGCKenya.org) speaking at Trinity Presbyterian Church, Herndon, Virginia on January 14, 2015.Pastor Anthony K. Bones de African Gospel Church de Nairobi, Kenya (http://AGCKenya.org) hablando a Trinity Presbyterian Church, Herndon, Virginia por 14 enero, 2015.

2 Según Kissinger (1975), Guelich (1982, 14) reporta que: «Mateo 5-7 aparece más frecuentemente que cualquier otros tres capítulos en la Biblia entera en los escritos de la Iglesia primitiva.» ("Matthew 5-7 [appears] more frequently than any other three chapters in the entire Bible in the Ante Nicene [early church] writings".)

Prefacio—xvii

AGRADECIMIENTOS

*E*n el otoño de 2014, me invitaron a hablar en una mezquita local sobre mi primer libro, *Una Guía Cristiana de Espiritualidad*. Hablar en una mezquita era algo nuevo para mí y anticipándome a esta visita pasé tres días ayunando y orando para recibir orientación. En lugar de guiarme sobre la visita a la mezquita, Dios me inspiró a escribir este libro, *Life in Tension*, en inglés.

El Espíritu Santo nos habla de formas difíciles de anticipar. Mi blog, http://T2Pneuma.net, tiene publicaciones escritas en inglés y español, pero la mayoría están escritas en inglés. En mi revisión de las publicaciones más populares durante 2019, descubrí que la publicación más popular fue un estudio de la Biblia escrito en español. De hecho, la cuarta parte de las diez publicaciones más populares del año pasado fueron escritas en español. En este sentido, llegué a la conclusión de que necesitaba escribir más publicaciones en español como servicio a mis lectores. Este libro, mi segunda traducción en español, fue el fruto de esta intuición.

La traducción de este libro fue el centro de mi trabajo en 2020 cuando muchas personas sufrieron la pandemia, especialmente en la comunidad hispana. Ojalá este libro le haya servido de inspiración durante estos tiempos difíciles.

La edición española de Life in Tension es una obra del corazón. Llegué a la fe por la película, *La Cruz y El Puñal*.[1] Como joven que tiene 13 años de edad, no sabía que el pandillero Nicky Cruz era puertorriqueño, viviendo en Nuevo York. Conocí su historia mucho más tarde como adulto trabajando con el ministerio hispano. Por esto, agradezco a la comunidad hispana por aumentar mi fe cristiana y por su paciencia conmigo como estudiante de la castellana.

Notas
1 *The Cross and the Switchblade*. Ross Records (DVD 2002) con Pat Boone y Erik Estrada.

INTRODUCCIÓN

El Evangelio como una Plantilla Divina

Tensión entre Nosotros Mismos

Tensión con Dios

Tensión con los Demás

Las Bienaventuranzas

El Evangelio como una Plantilla Divina

> *que si confiesas con tu boca a Jesús por Señor, y crees en tu corazón que Dios Lo resucitó de entre los muertos, serás salvo.*
> (Rom 10:9)

El cristianismo empezó en un cementerio con la resurrección (Sal 16:10). La resurrección no podría haber sucedió sin la crucifixión y muerte de Jesucristo que estaba, a su vez, asociada con su vida y ministerio. Debido a que la vida y ministerio de Jesucristo fueron registradas después la resurrección, cada frase en el Nuevo Testamento debiera estar precedida por las palabras: Jesús resucitó de la muerte, por lo tanto ... La vida, ministerio, sufrimiento, muerte, y resurrección de Jesús es el evangelio. Eso lo sabemos porque, según los Evangelios mismos, los sermones de Pedro (Hch 2:14–41; 10:34–43) y Pablo (Hch 13:16–41) se enfocan en la historia de la vida de Jesucristo.

Desde la prisión antes su muerte, el apóstol Pablo escribe:

> y conocerlo a el, el poder de su resurrección y la participación en sus padecimientos, llegando a ser como el en su muerte, a fin de llegar a la resurrección de entre los muertos.
> (Flp 3:10–11)

En otras palabras, la historia de Jesús—vida, ministerio,

sufrimiento, muerte, y resurrección—fue para Pablo una plantilla para el viaje cristiano de fe que comienza con el fin en mente. Todavía, sabemos que el fin de la historia, como su comienzo, es en Cristo y provee la esperanza cristiana (1 Pe 1:3).

Mientras prosigamos hacia la meta (Flp 3:14) y con expectativas para los últimos días, nuestra relación con cada miembro de la Trinidad nos sustenta cotidianamente. El Espíritu Santo se queda con nosotros, nos da poder, y así mismo rompe el poder de pecado. La vida y ministerio de Jesucristo modelan una vida fiel en un mundo estresante. Dios, nuestro padre, demuestra amor, gracia, y soberanía sobre cualquier poder terrenal. Por razón del soberano poder y la presencia de Dios, nuestra esperanza de la resurrección se convierte a nuestra esperanza en Cristo (Col 1:24).

La Fin en Mente

En consecuencia, la resurrección influyó como leían los primeros cristianos las Bienaventuranzas, como en: [Jesús resucitó de la muerte, por lo tanto,] honrado son los pobres en espíritu, pues de ellos es el reino de los cielos. (Mt 5:3) Notamos que la Bienaventuranza se refiere explícitamente al reino de los cielos—un lugar de sanidad y descanso donde los resucitados van. Debido a que los primeros cristianos leían las Bienaventuranzas en vista de la resurrección, los posmodernos deberían leerla también como se explica.

Más típicamente, los posmodernos leen las Bienaventuranzas como «pasteles en el cielo,» poco realista y imposible de obtener. Pero, ¿cuanto riesgo hay en comprar una acción si ya tiene el informe de acciones de mañana? ¿Si el informe de la mañana eliminara el riesgo de hoy, porqué demora en comprar la acción? Metas poco realistas y imposibles de obtener inmediatamente se convierten a realistas y accesibles—por la luz de la resurrección pescadores comunes se convierten en apóstoles extraordinarios.

Al saber que el fin de la historia es en Cristo, las Bienaventuranzas resumen las tres tensiones de nuestra vida espiritual: Nuestra tensión interna con nosotros mismos (pobre en espíritu, duelo y mansedumbre), nuestra tensión ascendente con Dios (justo, misericordioso, y puro), y nuestra tensión externa con el mundo (pacificadores, perseguidos y vituperados). La tensión interna existe, pero sabemos que el Espíritu Santo nos guiará. La tensión ascendente existe, pero sabemos que Dios nos ama. La tensión externa existe, pero tenemos el ejemplo de Jesucristo para buscar reconciliación y una puerta abierta al futuro (Ap 3:20).

La Tensión no Fue el Diseño

Por causa de nuestra reconciliación con Dios, sabemos que nuestra naturaleza pecaminosa que impulsa esta tensión no fue parte del diseño original de Dios. Al romper el diseño de Dios, el pecado surgió en el Jardín de Edén cuando Adán y Eva se apartaron de Dios y le permiten al pecado entrar en sus vidas (Gen 3:6). Todavía, aunque el pecado entró al mundo y causo tensión en nuestras vidas, Dios proveyó para nuestra restauración por media de la muerte y resurrección de Jesucristo (Gen 3:15).

Jesús resucitó de la muerte, por lo tanto, nuestra fe comienza con Dios, no con nosotros.

∞

Padre Todopoderoso, Hijo Amado, Espíritu Siempre Presente,

Agradecemos por la obra de Jesucristo, quien vivió, ministró, sufrió, murió, y resucitó de los muertos para que el evangelio pudiera vivir en nosotros. Que podamos conocerlo a él y su poder; compartir en su sufrimiento y su muerte; para que podamos estar también vivos con él en la nueva vida (Flp 3:10–11). Rompe el poder de pecado en nosotros; danos el poder para vivir en reconciliación unos con los otros; y concédenos palabras para levantarnos en oración todos los días de nuestras vidas.

En el precioso nombre de Jesucristo, Amén.

∞

Preguntas
1. ¿Dónde comenzó el cristianismo y por qué nos importa?
2. ¿Qué es la plantilla del evangelio y cuáles son sus componentes?
3. ¿Cuál fue el enfoque de la predicación cristiana primitiva?
4. ¿Cómo deberíamos leer el Nuevo Testamento?
5. ¿Cuáles son las fuentes de tensión con nosotros mismos, con los demás y con Dios?
6. ¿Cómo afecta la resurrección a la vida cristiana?

Tensión entre Nosotros Mismos

> *Porque lo que hago, no lo entiendo.*
> *Porque no practico lo que quiero hacer,*
> *sino que lo que aborrezco, eso hago.*
> (Rom 7:15)

Como norte-americanos, somos la generación mejor alimentada y más mimada de todos tiempos; sin embargo, nuestros jóvenes y personas mayores se suicidan a tasas históricamente altos y «los hijos comunes de hoy día tienen más temor que los pacientes psiquiátricos en la década de 1950.»[1] ¿Por qué?

Una respuesta es que nos hemos estado aislado dolorosamente de nosotros mismos: «Vivimos en una sociedad en la que la soledad se ha convertido en las heridas humanas más dolorosas.»[2] Nuestro aislamiento ha estado magnificado por la perdida de fe y comunidad, dejándonos vulnerables a la ansiedad y la depresión.

La gente aislada a menudo rumia sobre el pasado. Por causa de esta rumia, obsesionarse con un leve problema personal, real o imaginado, puede amplificar pequeños insultos en grandes. Para los pacientes psiquiátricos que no son buenos en distinguir la realidad de la ilusión, la repetición interna constante de incluso los pequeños desaires personales no solo se amplifica, sino que también se recuerda como un evento separado. A través de este proceso de amplificación y separación, una sola zurra a la edad ocho podría a los veinte ser recordada como palizas diarias.

Ampliada en esta manera, la rumia absorbe el tiempo y la energía que normalmente se utiliza para enfrentar los desafíos diarios y planificar para el futuro. Por interferir con actividades normales de reflexión y relaciones, la rumiación ralentiza el normal proceso de emocional y relacional desarrollo y el rumiador se vuelve cada vez más aislado de si mismo, de Dios, y los demás cerca de él.

¿Porqué tenemos interés? Nos importa porque todo el mundo rumia y la tecnología nos leva a rumiar más que previas generaciones. Los siempre-presente auriculares con música, el televisor siempre encendido, los constantes mensajes de texto, el videojuego que se juga cada hora del día, y el trabajo que nunca dejamos de lado—todos funcionan como rumia para evitar que los pensamientos tristes nunca entren a nuestras cabezas. Al igual que los adictos, cada hora del día nos distraemos del procesamiento, de las emociones normales, y nos sentimos ansiosos y molestamos cuando nos vemos obligados a sintonizar nuestras propias vidas, un tipo de comportamiento de escalada en la lengua de psiquiátras. La rumiación, adicción de estrés, y otras obsesiones se convierten en estilos de vida convencionales que nos dejan temerosos cuanto estamos solos y en la sociedad de hoy estamos solos frecuentemente incluso en compañía de otros. Estamos en tensión con nosotros mismos.

Jesús ve nuestra tensión y ofrece a aliviarla, diciendo:

> Vengan a mí, todos los que están cansados y cargados, y yo los haré descansar. Tomen mi yugo sobre ustedes y aprendan de mí, que yo soy manso y humilde de corazón, y hallaran descanso para sus almas. Porque mi yugo es fácil y mi carga ligera. (Mt 11:28–30)

Rumia egocéntrica es una carga pesada, no una ligera. Jesús modela el descanso sabático, oración, y perdón que rompen la rumia al alentarnos a mirar fuera de nosotros mismos. En el descanso sabático miramos fuera de nosotros mismos para compartir la paz de Dios, reflexionar sobre el perdón de Cristo, y a aceptar la invitación del Espíritu Santo por medio de la oración. En la oración nos comunicamos con Dios donde nuestras heridas puedan estar sanada, nuestra fuerza restaurada, y nuestros ojos abiertos a nuestros pecados, quebrantamiento, y necesidad de perdón. Cuando sentimos nuestra necesidad de perdón, también vemos nuestra necesidad de perdonar. En el perdón, valoramos relaciones por encima de nuestras propias necesidades personales lo que rompe el ciclo de pecado y represalias en nuestras relaciones con las demás y, al emular a Jesucristo, nos acercamos a Dios en nuestra fe.

La fe, el discipulado, y el ministerio requieren que dejemos de obsesionarnos con nosotros mismos. En nuestras propias fuerzas, nuestras obsesiones son demasiado fuertes, y no podemos llegar a fe, crecer en la fe, o participar en ministerio. Para la mayoría, la fe llega por media de la oración, leer las escrituras, y la participación en la iglesia, todas inspiradas por el Espíritu Santo. Para los apóstoles originales, el discipulado fue realizado por Jesús mismo.

En las Bienaventuranzas, Jesús enseña a los discípulos y dice que seremos honrados al menos de tres maneras: «Honrados son los pobres en espíritu, pues de ellos es el reino de los cielos. Honrados son los que lloran, pues ellos serán consolados. Honrados son los humildes, pues ellos heredarán la tierra.» (Mt 5:3–5) Jesús toma las amenazas del mundo a nuestra identidad, autoestima, y dignidad personal y las reformula como promesas que recibiremos en el reino de los cielos, ser consolados, y heredar la tierra. Pero, Jesús vincula estas promesas al discipulado como parte de su yugo (Mt 11:28–30) y no las extiende al espectador.

∞

Padre Dios,

Te agradecemos por tu voluntad de entrar en nuestro pequeño mundo. Acaba nuestra obsesión con nosotros mismos—la persona quien conocemos tan bien, pero con la que tememos tanto que nos cuesta ser honestos. Brilla tu luz en la oscuridad; aleja la nube de la desesperación; ayúdanos a aceptar tu evangelio entendiéndolo, viviéndolo y compartiéndolo. Cerrar la brecha entre nuestro falso yo y nuestro verdadero yo en Cristo; cierra la brecha entre nosotros y los demás; cerrar la brecha entre nosotros y tú. En el poder de tu Espíritu Santo, vuelve a crearnos como personas enteras. En el precioso nombre de Jesús, Amén.

Preguntas

1. ¿Qué es irónico sobre nuestra situación como la generación mejor alimentada ha caminado sobre la faz de la tierra?
2. ¿Cómo interpreta el autor, Henry Nouwen, esta ironía?
3. ¿Qué es la rumia y por qué nos importa?
4. Nombra tres cosas que Jesús modela que rompen la rumia y ¿por qué son importantes?
5. ¿Cuál es el enfoque de las primeras tres Bienaventuranzas?

Notas

1 "Ordinary children today are more fearful than psychiatric patients were in the 1950s." (Lucado 2012, 5).

2 "We live in a society in which loneliness has become one of the most painful human wounds" (Nouwen 2010, 89).

Tensión con Dios

> *Al caer a tierra, oyó una voz que le decía:*
> *Saulo, Saulo, ¿por qué me persigues?*
> *¿Quién eres, Señor? preguntó Saulo.*
> *El Señor respondió: Yo soy Jesús a quien tú persigues.*
> (Hch 9:4–5)

La idea de tensión con Dios sorprende a muchos cristianos por al menos tres razones. La primera razón es que la iglesia se enfoca en la humanidad de Cristo y no en su divinidad lo que oculta los impulsos del Espíritu Santo y nos deja ignorantes de nuestra distancia de Dios. La segunda razón es que el enfoque en la conversión y fuera de la santificación—el proceso de nutrir nuestra fe—nos deja viviendo estilos de vida seculares e ignorante de la voluntad de Dios para nuestras vidas. Una razón final es que nuestra indiferencia a pecado ciéganos a nuestro verdadero yo en Cristo, a nuestro prójimo, y a Dios.

No es un accidente que cada una de estas tres razones sea altamente teológica porque los posmodernos en su mayoría evitan la teología—una cuarta razón por la cual la tensión con Dios puede ser una sorpresa. El enfoque posmoderno en el contenido emocional de fe y fuera de las implicaciones de estas tres razones teológicas tienden a oscurecer nuestra tensión con Dios y silenciosamente roba nuestra fe de su poder, como una aspiradora que se ha desenchufado. Ajenos a la tensión, los cristianos enganan creyendo en un tipo de tensión-libre, diluyendo el cristianismo a uno que proporciona servicios individuales, como cuidado de niños, y generalmente promete aislarlos de los problemas de la vida sin obligación substancial. Cuando los problemas de la vida surgen, el cristianismo diluido no provee una guía sustantiva para tratar con ellos, lo que lleva a las personas a enojarse con Dios y abandonar la iglesia. Por lo tanto, es útil revisar las razones por las cuales las personas no están conscientes de la tensión entre ellos y Dios.

Humanidad Contra Divinidad de Cristo

Nuestra sociedad secular cuestiona la divinidad de Cristo, pero no tiene ningún problema con la humanidad de Jesús. Si Cristo es solo humano, entonces Jesús es nada más de un interesante maestro, la iglesia se convierte en un otro grupo de interés, y la conversión es tan mundana como unirse a otro club. Si Cristo no es divino, entonces la enseñanza de Jesús no tiene ningún derecho sobre nosotros (1 Cor 15:17) y simplemente podemos ignorar cualquiera tensión con Dios que la enseñanza de Jesús pueda señalar.

Conversión Contra Santificación

A lo largo de los siglos, los líderes cristianos han debatido la prioridad de la conversión sobre la santificación. Por ejemplo, Jonathan Edwards, a menudo elogiado como el gran teólogo estadounidense, abogó por que los miembros de la iglesia tengan una relación personal con Jesús—más una fruta de santificación que de conversión—solo para que su iglesia en Northampton lo despidiera en 1750 (Noll 2002, 45). Si la santificación puede considerarse como una serie de experiencias de conversión cuya consecuencia es una relación más cerca con Dios, entonces la tensión con Dios pueda ser vista como una señal de progreso en formación espiritual y madurez.

Piensa sobre la tensión con Dios en la vida del apóstol Pablo. Cuando Dios le dijo a Ananías que fuera a bautizar a Saulo, el cuestionó a las intenciones de Dios:

Pero el Señor le dijo: Ve, porque él es mi instrumento escogido, para llevar mi nombre en presencia de los Gentiles, de los reyes y de los Israelitas; porque yo le mostraré cuánto debe padecer por mi nombre. (Hch 9:15–

16)

Pablo fue llamado como cristiano y apóstol a los gentiles y a sufrir por el Nombre. ¿Crees que el llamado de Pablo creó tensión en su vida, con Dios, y con los demás? Pablo mismo describió la vida que abandonó como rabino y judío como basura (Flp 3: 8) en comparación con lo que ganó como creyente. Aun así, se encontró todo tipo de aflicción durante su ministerio (2 Cor 11:23–28) y luchó con una oración sin respuesta por una espina en la carne— un eufemismo que quizás sugiera un pecado grave sobre el cual no salió victorioso (Rom 7; 2 Cor 12:7).

El punto de este ejemplo es que, si la tensión con Dios es un desafío incluso para la espiritualidad madura, no estar conscientes de nuestra tensión con Dios indica inmadurez espiritual o, lo que es peor, letargo espiritual.

Ignorancia del Pecado

El letargo espiritual empieza por ignorar el pecado, del cual incluso un ateo endurecido debería preocuparse. El pecado puede ser: hacer el mal (pecado); infringir una ley (transgresión); o no hacer el bien (iniquidad). El pecado nos separa de nosotros mismos, de nuestro prójimo, y de Dios, creando tensiones en todas las tres dimensiones.

Ignorar el pecado es como conducir demasiado rápido en una carretera helada o tirar arena sucia en el tanque de gasolina—puede dañar a otros y arruinarlo todo, incluso nuestra relación con Dios.

El perdón de Dios a través de Cristo nos pone bien con Dios y alivia nuestra culpa, pero en la mayoría de los casos no revierte los efectos del pecado en nuestra persona y en los demás. Dios puede perdonar al asesino, por ejemplo, Dios puede perdonar al asesino, por ejemplo, pero esto no revive al difunto ni, bajo la ley, alivia del cargo al criminal.

La tensión con Dios es más critica que la tensión en una relación humana, porque nuestra existencia depende de Dios—es como un buzo a una profundidad de tres cientos pies desechando un tanque de aire porque la vida misma está amenazada. El pecado nos separa de Dios, pero cuando lo evitamos, los canales de comunicación con Dios se abren y podamos percibir los impulsos del Espirito Santo. Cuando obedecemos los impulsos del Espíritu Santo, compartimos con Dios en su trabajo creativo continuo en el mundo y nos vamos santificando como Jesús, lo que implica el dolor y sacrificio. A su vez, nuestros sacrificios le indican a Dios, a quienes nos rodean y a nosotros mismos que nuestra transformación en Cristo es real (2 Sam 24:21–25).

Jesús honra los discípulos quienes fielmente persiguen la piedad:

> Honrados los que tienen hambre y sed de justicia, pues ellos serán saciados. Honrados los misericordiosos, pues ellos recibirán misericordia. Honrados los de limpio corazón, pues ellos verán a Dios. (Mt 5:6–8)

Observe que estas Bienaventuranzas reflejan los atributos que Dios usa para describirse a si mismo—«compasivo y clemente, lento para la ira y abundante en misericordia y verdad (fidelidad)» (Ex 34:6)—y ofrece una llave a crecer como portadores de las imágenes divinas. Estas admoniciones nos recuerdan que Dios está interesado no tanto en lo que hacemos como en quienes nos convertimos (Fairbairn 2009, 67).

∞

Dios Padre,

Gracias por enviar tu hijo, Jesucristo, a nuestras vidas para acercarnos tí. Sálvanos de nuestros propios malos pensamientos y sentimientos. Destapa nuestros oídos; abre nuestros ojos; e inunda nuestros corazones con las impresiones de tu Espíritu Santo. Perdona nuestro pecado; redímenos de nuestras transgresiones; y límpianos de nuestras iniquidades. Danos un corazón para tu palabra y concédenos la mente de Cristo. Enséñanos a apoyarnos en tu ley y a compartir tu gracia para que podamos convertimos en verdaderos discípulos: Honrados por tener hambre y sed de tu justicia; honrados por ser misericordioso; honrados por perseguir la piedad. A través del poder del Espíritu Santo y la gracia disponible a nosotros por causa de Jesucristo.

En el nombre de Jesús, Amén.

∞

Preguntas
1. Mencione cuatro razones por las cuales la tensión con Dios no es obvia para muchas personas. ¿Estás de acuerdo?
2. ¿Qué es el cristianismo diluido y por qué nos importa?
3. ¿Por qué es la divinidad de Cristo importante?
4. ¿Qué es la santificación y por qué es importante?
5. ¿Qué es la opresión espiritual y quien en la Biblia la sufrió?
6. Nombra tres tipos de pecado. ¿Por qué los ateos necesitan preocuparse con ello tanto como los cristianos?
7. ¿Cuáles tres Bienaventuranzas se enfocan sobre la tensión con Dios?
8. Algunas personas distinguen la práctica de la santidad (dejar de pecar) con la búsqueda de la piedad (hacer el bien). ¿Cuál es la diferencia entre ellas?

Tensión con los Demás

> *Ustedes han oído que se dijo:*
> *Amaras a tu prójimo y odiarás a tu enemigo.*
> *Pero yo les digo: amen a sus enemigos y*
> *oren por los que los persiguen,*
> *para que ustedes sean hijos de su padre que está en los cielos;*
> *porque el hace salir su sol sobre malos y buenos, y*
> *llover sobre justos e injustos.*
> (Mt 5:43–45)

Cuando llegamos a Cristo, la tensión con los demás puede surgir de dos maneras. Primero, cuando nos aceramos a Dios, la brecha entre los valores bíblicos en los que estamos creciendo y los valores culturales que estamos dejando se amplía y la gente lo nota. Después de comenzar el seminario, por ejemplo, noté que algunos de me compañeros más salados dejaron de usar blasfemias en mi presencia. Segundo, pues Dios ama las personas, cuando nos acercamos a Dios y nos volvemos más como Jesús, no podemos evitar amar a las personas también (Jn 13:34–35). Aunque la santificación crea una brecha entre nosotros y los demás, el amor de Dios que fluye a través de nosotros trabaja para cerrar esta brecha (Sant 2:15–16).

Considere la historia de Abraham y su sobrino, Lot. Dios bendijo a Abraham y luego reveló los planes para destruir a dos ciudades pecaminosas, Sodoma y Gomorra (Gen 18:17–20). Separado del mundo, Abraham luego oró a Dios para que perdonara las ciudades por el bien de los justos que vivían allí (Gen 18:23–32), presumiblemente para incluir a su sobrino, Lot.

Lot no mostró problema para vivir en Sodoma ni compasión por sus vecinos. Por el contrario, mostró mal juicio en elegir vivir en Sodoma (Gen 13:10) y solo dejó a Sodoma la insistencia de los ángeles enviados a recuperarlo (Gen 19:16). A su esposa le resultó más difícil salir de Sodoma y desobedeció a los ángeles al mirar de nuevo a la ciudad en llamas (Gen 19:26).

Al reflexionar sobre la destrucción de Sodoma y Gomorra, la iglesia puede posicionarse en relación a cultura en tres maneras: trabajar para redimir la cultura como Abraham, no prestar atención a la cultura como Lot, o ser cautivado por la cultura como la esposa de Lot. Jesús elogia el enfoque de Abraham (Lc 9:52–56), pero la gracia extendida tiene límites, como Jesús instruye a sus discípulos:

> En cualquier ciudad o aldea donde entren, averigüen quién es digno en ella, y quédense allí hasta que se marchen. Al entrar en la

> casa, denle su saludo de paz. Y si la casa es digna, que su saludo de paz venga sobre ella; pero si no es digna, que su saludo de paz se vuelva a ustedes. Cualquiera que no los reciba ni oiga sus palabras, al salir de esa casa o de esa ciudad, sacudan el polvo de sus pies. En verdad les digo que en el día del juicio será más tolerable el castigo para la tierra de Sodoma y Gomorra que para esa ciudad. (Mt 10:11–15)

Los discípulos deben ofrecer paz (es decir, predicar el evangelio) a todo el mundo por el bien de aquellos que escuchan, pero para aquellos que no escuchan sus deseos deben ser respetado (Mt 10:14).

La brecha entre los demás y nosotros mismos es el enfoque de las últimas tres Bienaventuranzas:

> Bienaventurados los que procuran la paz, pues ellos serán llamados hijos de Dios. Bienaventurados aquéllos que han sido perseguidos por causa de la justicia, pues de ellos es el reino de los cielos. Bienaventurados serán cuando los insulten y persigan, y digan todo género de mal contra ustedes falsamente, por causa de mí. (Mt 5:9–11)

En estas Bienaventuranzas, Jesús ni niega, ni excusa, ni escapa de persecución. En cambio, él trata la persecución como una oportunidad para el ministerio—«Pero Yo les digo: amen a sus enemigos y oren por los que los persiguen» (Mt 5:44)—y ofrece consuelo para quienes lo sufren. La implicación es que tensión con los demás es la norma, no la excepción, para los discípulos cristianos.

∞

Padre todopoderoso, Amado Hijo, Espíritu Santo, Te alabamos por estar presente deliberadamente en nuestras vidas—enséñanos a estar presente deliberadamente en las vidas de aquellos nos rodean. Confesamos nuestra necesidad a ser más santos—que tu ejemplo brille a través de nosotros. Confesamos que a menudo nos sentimos más atraídos por la cultura y menos a tí—enséñanos como vivir fielmente en tensión con el mundo que nos rodea. Confesamos la necesidad de reconciliarnos con aquellos que nos lastiman y aquellos a quienes lastimamos—enséñanos a vivir con sacrificio en tu nombre. Te agradecemos por la vida y sacrificio de tu hijo, Jesucristo, y por los muchos dones espirituales que tu Espíritu Santo derrama sobre nosotros. Concédenos fortaleza para el día, gracia para aquellos con quienes nos encontramos, y paz. En el nombre preciosos de Jesús, Amén.

∞

Preguntas

1. ¿Qué crea la tensión entre nosotros y los demás y qué la reduce?

2. ¿Qué tres tipos de relaciones entre nosotros y la cultura vemos en la historia de Abraham y su familia?
3. ¿Cuál es una cuarta posibilidad que podemos ver en la obra de Cristo?
4. ¿Qué limita el ministerio a los no creyentes en el Nuevo Testamento y por qué?
5. ¿Qué tres Bienaventuranzas tratan la tensión con los demás?
6. ¿Qué consejo ofreció Jesús para lidiar con la tensión con los demás?

Las Bienaventuranzas

Adoren al señor con reverencia, y alégrense con temblor.
Honren al hijo para que no se enoje y perezcan en el camino,
Pues puede inflamarse de repente su ira.
¡Cuán bienaventurados son todos los que en el se refugian!
(Sal 2:11–12)

Las Bienaventuranzas introducen poéticamente el Sermón de la Monte (Mt 5–7) que establece las prioridades, redefine la honra entre los discípulos, y encarga sus discípulos. El sermón ofrece la declaración más larga de la enseñanza de Jesús y la iglesia primitiva la citó más frecuentemente que cualquiera otro pasaje en las escrituras (Guelich 1982, 14). Como introducción, las Bienaventuranzas interpretan el Antiguo Testamento de maneras que sorprendieron a sus discípulos entonces y continúan sorprendiéndonos ahora, sugiriendo que los Bienaventurados merecen un estudio cuidadoso.

Contexto del Evangelio

En ambos Mateo y Lucas, las Bienaventuranzas aparecen inmediatamente después de que Jesús llamara sus discípulos y se dirige a los discípulos, sirviendo como un preámbulo para el sermón que sigue.

El sermón se dirige a los discípulos personalmente,

al igual que el llamado anterior de Jesús al ministerio—«Vengan en pos de mí, y yo los haré pescadores de hombres» (Mt 4:19). No es un llamado pasivo a ser espectadores, sino un llamado activo para los discípulos quienes compartirán en su sufrimiento, en un momento en que el arresto y decapitación de Juan (quien bautizó Jesús) estaba todavía fresco en sus mentes (Mt 4:12; 14:10).

Sufrimiento—tensión extrema—es un tema obvio en el sermón tanto por la muerte reciente de Juan como por razón de las continuas amenazas a la vida de Jesús que habían empezado aun antes su nacimiento (Mt 1:18–25; 2:1–13). Sufrimiento, como aprendimos en las Bienaventuranzas, es parte de ser un discípulo fiel y sabemos que los discípulos fieles recibieron este mensaje porque diez de los once discípulos murieron como mártires (Fox and Chadwick, 2001, 10).

Contexto Literario

En inglés, las Bienaventuranzas toman su nombre de la traducción de latín (beati) de la palabra en griego para honra (μακάριος) que significa «humanos privilegiados receptores del favor divino» o «favorecidos, bendecido, afortunados, felices, privilegiado» (BDAG 4675, 2, 2a).

Jesús repite μακάριος nueve veces.

La Biblia usa la repetición para enfatizar—dos veces es énfasis; tres veces es muy enfático; y nueve veces no tiene precedentes.

Esta repetición enfática refuerza el contenido del sermón. El sermón en Mateo representa Jesús como el nuevo Moisés quien emite una nueva ley sobre la montaña (después el Monte de Sinaí), mientras que en Lucas el sermón presenta bendiciones y maldicientes (problemas), un patrón como del pacto (Dt 28). En otras palabras, el estilo literario y contenido del texto atraerían la atención de un público judío.

Contexto del Antiguo Testamento

El uso repetido de Jesús de μακάριος en el sermón alude al Salmo 1 en la traducción de griego (el más familiar para los lectores del primer siglo), donde dice:

> ¡Cuán bienaventurado es el hombre que no anda en el consejo de los impíos, ni se detiene en el camino de los pecadores, ni se sienta en la silla de los escarnecedores, sino que en la ley del señor está su deleite, y en su ley medita de día y de noche! (Sal 1:1–2)

El Salmo 1 presenta la paz de Dios, un llamado a la santidad, y una integración (lo opuesto a tensión) dentro de nosotros mismos, con Dios (a través de la obediencia a la ley), y con los demás con una sorprendente economía de palabras.

Otras referencias de μακάριος hablan, no de integración, sino de tensión, como la tensión política (Sal 2) y la aflicción (Is 30). En Isaías 30, por ejemplo, Dios hace una promesa interesante a los que esperan por él.

Aunque el Señor les ha dado pan de escasez y agua de opresión, él, tu maestro, no se esconderá más, sino que tus propios ojos contemplarán a tu maestro. (Is 30:20)

El maestro aquí es el Mesías quien bendice a los que sufren «el pan de escasez y el agua de opresión»—una expresión poética que significa persecución, mientras la palabra maestro también significa la lluvia temprana, una forma de bendición en una región desértica como Israel.

Propósito de Comisionar

En su sermón, Jesús redefine el significado de honra que es una importante, pero descuidada, traducción de μακάριος (Neyrey 1998, 164). Si Jesús hubiera querido transmitir la idea de bendito, la traducción habitual de μακάριος, entonces la palabra más convencional en griego sería eulogetos (France 2007, 161). Honrado es una traducción más apropiado porque el mundo antiguo tenía una cultura de honor y vergüenza donde incluso un pequeño insulto requiere una respuesta inmediata y veces mortal—Jesús prohíbe tales respuestas. Cuando Jesús enseñó el perdón, el amor para el enemigo y poner la otra mejilla, él confrontó radicalmente la cultura de honor y vergüenza, donde los amos tuvieron el honor y los esclavos tuvieron la vergüenza.

La deshonra en el mundo antiguo Jesús la redefinió como honor entre sus discípulos. Jesús dijo:

> Honrados serán cuando los insulten y persigan, y digan todo género de mal contra ustedes falsamente, por causa de mí. Regocíjense y alégrense, porque la recompensa de ustedes en los cielos es grande, porque así persiguieron a los profetas que fueron antes que ustedes. (Mt 5:11–12)

En otras palabras, las recompensas celestiales siguen la persecución terrenal. En una cultural obsesionada con la gloria y honor—especialmente honor de la familia—la traducción preferida para μακάριος aquí es honor, no bendición. Esta es más consistente con el resto del sermón de Jesús y menos consistente con la ley de Moisés con bendiciones y maldiciones como en Salmo 1.

∞

Señor de Señores, Príncipe de Paz, Espíritu de Santidad, Te alabamos por bendecirnos con vida, una visión de cómo vivirla y una familia con quien compartirla. Te alabamos por tu presencia fiel en días buenos y no tan buenos. Perdona nuestro orgullo y obstinación. Perdónanos por nuestros pecados contra ti y los pecados contra aquellos que nos rodean. Siembra las semillas de perdón en nosotros y la paciencia para verlos crecer. Siembra en nosotros el deseo de seguirte y prosperar tu reino. Usemos nuestras bendiciones para bendecir a los demás (Gen 12:2–3)—no solo bendecir aquellos que son fáciles de amar sino también aquellos quienes necesitan nuestro amor. Concédenos fortaleza para el día, gracia para aquellos con quienes nos encontramos y paz en todas las cosas. En el nombre de Jesús, Amén.

∞

Preguntas
1. ¿Dónde aparecen las Bienaventuranzas en las escrituras?
2. ¿Cuál es el contexto para el Sermón del Monte?
3. ¿Cuál es el papel de sufrimiento en el discipulado?
4. ¿De dónde viene la palabra, Bienaventuranza?
5. ¿Dónde más en las Escrituras vemos las Bienaventuranzas?

6. ¿Por qué es la palabra, honrado, preferida a Bienaventuranza? ¿Está de acuerdo o no? ¿Por qué?

PARTE A: TENSIÓN ENTRE NOSOTROS MISMOS

En las tres primeras Bienaventuranzas, Jesús se enfoca en la tensión dentro de nosotros y honra a los discípulos que viven con humildad, lloran su estado caído y encarnan un espíritu de mansedumbre. Estos discípulos reciben consuelo en el viaje y, al final del viaje, tanto en la tierra como en el cielo. También experimentan la libertad cristiana pasando de los deseos de la carne a los frutos del espíritu (Gal 5:19–23).

Al escribir sobre este viaje interior, Nouwen (1975) describió un movimiento (o travesía) dentro de nosotros mismos del aislamiento a la solitud. Este aislamiento puede tomar la forma de alienación, incompletitas, o un anhelo cuyo objeto propio es Dios, pero cuyo objeto actual es algo distinto de Dios. La solitud se diferencia del aislamiento porque proviene de la comunión con Dios y la paz de Dios durante esta travesía de santificación.

1.0 HONRADOS SON LOS POBRES EN ESPÍRITU

1.1: Honrados Son los Pobres en Espíritu

1.2: Declaración de la Misión

1.3: Sea Humilde, Sea Sal y Luz

1.4: Vivir Pobre en Espíritu

1.1: *Honrados Son los Pobres en Espíritu*

> Honrados son los pobres en espíritu,
> pues de ellos es el reino de los cielos.
> (Mt 5:3)

Jesús elige palabras cuidadosamente. Si hablaba hebreo (el idioma del Antiguo Testamento) en lugar de griego (el idioma del Nuevo Testamento y de la iglesia primitiva), entonces la primera bienaventuranza podría explicarse en solo siete palabras (Mt 5:3 HNT), que facilita memorización, una practica comuna en el primer siglo debido al alto costo de la palabra escrita. Debido a que los discípulos memorizaban sus palabras, Jesús podría haber jugado juegos de palabras con ellos, comenzando frases y dejando que su audiencia la terminara, al igual que un buen predicador pausa para dejar que su audiencia se ponga al día (Crawford y Troeger 1995, 17).

Jesús usó esta técnica—común en las culturas represivas—también en disputar con los fariseos, como en Mateo 21:16 donde cita la primera mitad de Salmo 8:2 y, por inferencia, los golpea con la segunda mitad (Spangler y Tverberg 2009, 38). La selección cuidadosa de palabras de Jesús y su uso de asociaciones de palabras nos ayudan a interpretar la bienaventuranza.

Por ejemplo, la primera palabra en la frase en Mateo 5:3—«Honrados son los pobres en espíritu»—trae a mente al primero Salmo:

> ¡Cuán bienaventurado [honrado] es el hombre que no anda en el consejo de los impíos, Ni se detiene en el camino de los pecadores, Ni se sienta en la silla de los escarnecedores, sino que en la ley del SEÑOR está su deleite, Y en Su ley medita de día y de noche! (Sal 1:1–2)

La frase, los pobres en espíritu, trae a mente Isaías 61:

> El Espíritu del Señor Dios está sobre mí, porque me ha ungido el Señor para traer buenas nuevas a los afligidos. Me ha enviado para vendar a los quebrantados de corazón, para proclamar libertad a los cautivos y liberación a los prisioneros; para proclamar el año favorable del Señor, y el día de venganza de nuestro Dios; para consolar a todos los que lloran, para conceder que a los que lloran en Sion se les dé diadema en vez de ceniza, aceite de alegría en vez de luto, manto de alabanza en vez de espíritu abatido; para que sean llamados robles de justicia, plantío del Señor, para que el sea glorificado. (Is 61:1–3)

El primero texto, Salmo 1, claramente se refiere a la Ley de Moisés y el segundo texto, Isaías 61, refiere una profecía mesiánica que Jesús mismo citó en su sermón de llamado de en Lucas 4. Al usar la palabra—μακάριος, Jesús asoció ambos la Ley y los Profetas los cuales añadía seriedad en el contexto de una audiencia judía del siglo primero.

Los comentaristas de hoy destacan normalmente que la expresión, «los pobres en espíritu,» no se usa en ninguna otra parte en la Biblia. La versión de las bienaventuranzas de Lucas se refiere solamente al pobre, como en: «Honrados son ustedes los pobres, porque de ustedes es el reino de Dios» (Lc 6:20). Pobre aquí se refiere no solo a los de bajos ingresos, sino a la mendicidad de la indigencia: alguien completamente dependiente de Dios (Neyrey 1998, 170–171). Mateo, a diferencia de Lucas, fue un discípulo de Jesús, que hace probable que su frase, «los pobres en espíritu,» sea más precisa.

En conjunto, la primera bienaventuranza aparece hiperbólica por dos razones. La primera razón es que Jesús usa una forma prestada de ley de caso, si X entonces Y. Usar una forma legal sugiere algo como la lectura de un testamento. Segundo, Jesús hace algunas asociaciones inesperadas. A diferencia de los príncipes, los pobres generalmente no heredan reinos; reyes (aquellos con reinos) no son normalmente humildes. Por esta razón, la primera bienaventuranza sugiere por su forma y contenido que Jesús esta usando hipérbole para calentar su audiencia por lo cual es obviamente una discusión seria (Is 42:1-3).

La seriedad surge porque la frase, «reino de los cielos,» previamente se asoció con juicio, como en: «Arrepiéntanse, porque el reino de los cielos se ha acercado» (Mt 3:2, 4:17). ¿El juicio puede estar implícito en el reverso de esta Bienaventuranza—son aquellos que se niegan a ser pobre en espíritu (los orgullosos) y se oponen al «reino de los cielos?» Potencialmente, si. Dos candidatos para juicio son dados casi de inmediato:

> Cualquiera, pues, que anule uno solo de estos mandamientos, aun de los más pequeños, y así lo enseñe a otros, será llamado muy pequeño en el reino de los cielos; pero cualquiera que los guarde y los enseñe, éste será llamado grande en el reino de los cielos. Porque les digo a ustedes que, si su justicia no supera la de los escribas y Fariseos, no entrarán en el reino de los cielos. (Mt 5:19-20)

Los menos en el reino de los cielos son los que enseñan contra la ley. Los que no deben ser admitidos son los menos justos que los escribas y fariseos, según las propias palabras de Jesús (Mt 5:20).

Jesús elige palabras cuidadosamente.

∞

Oh querido Señor,

Doy gracias porque siempre estás cerca de mi, no demasiado orgulloso para quedarte con tu siervo y llamarme amigo.

Bendíceme con tu espíritu de humildad y generosidad— generoso en tiempo, generoso en amistad, y generoso en compartir de ti mismo.

Guárdame seguro de la mala compañía; guárdame de la arrogancia piadosa; guárdame de mi propio corazón pecaminoso.

Permíteme estar siempre cerca de ti, ahora y siempre, a través del poder de tu Espíritu Santo.

En el nombre de Jesús, Amén.

∞

Preguntas
1. ¿Qué pasaje recuerda la palabra honrado y por qué?
2. ¿Qué tiene de hiperbólico la primera Bienaventuranza?
3. ¿Por qué la primera Bienaventuranza sugiere juicio?
4. ¿Qué género (derecho, poesía, hipérbole, etc.) considera que son las Bienaventuranzas?

1.2: Declaración de la Misión

> *No piensen que he venido para poner fin*
> *a la Ley o a los Profetas;*
> *no he venido para poner fin, sino para cumplir.*
> (Mt 5:17)

*E*n Mateo 5:17, Jesús ofrece una clave interpretativa para explicar como entender tanto su ministerio en la tierra como sus palabras en la bienaventuranza.Cuando Jesús dijo que había venido a cumplir la Ley y a los Profetas, quería decir que vino a cumplir toda la escritura del Antiguo Testamento. En el pensamiento judío, el término «ley» recuerda los primeros cincos libros en el Antiguo Testamento—los Libros de la Ley (o el Pentateuco): Génesis, Éxodo, Levítico, Números, y Deuteronomio. El término «profetas» se refiere—más o menos—al resto del Antiguo Testamento. La implicación es que las propias palabras de Jesús tienen significado en el contexto de las escrituras por razón de que lo extienden.

Los Libros de la Ley

La palabra hebrea por pobre en espíritu también se traduce como: pobre, afligido, humilde o manso (BDB, 7237). En singular aparece en los Libros de la Ley solamente en Números 12:3 que dice: «Moisés era un hombre manso, más que cualquier otro hombre sobre la superficie de la tierra» (Num 12:3). Solo Moisés se describe como manso y la relación de Moisés con Dios se describe como superior a la de un profeta típico del Antiguo Testamento (Num 12:6–8).

Se invita a dos observaciones importantes. Primero, ser pobre en espíritu nos acerca a Dios—cércanos como Moisés. Dios hablaba a Moisés directamente, cara a cara, no en acertijos ni sueños (Num 12:6–8) lo cual es una intimidad con Dios que es raramente vista en las escrituras después de Abraham, a quien se describió como un amigo de Dios (Sant 2:23).

Segundo, si Jesús hablaba hebreo al pronunciar del Sermón del Monte, entonces las primera tres bienaventuranza podrían haberse expresado usando la misma palabra, lo cual seria una declaración enfática declaración de humildad. La bendición asociada con los pobres en espíritu era a recibir el reino de los cielos mientras que la bendición asociada con manso era heredar la tierra. Tomados en conjunto, ser pobre en espíritu (o manso) en los ojos de Dios te lleva tanto a los cielos como a la tierra, que nos recuerda la creación (Gen 1:1) y significa todo.

Los Libros de los Profetas

La frase, los pobres en espíritu, aparece también en Isaías 61:1–3, citado anteriormente. Mientras que los Libros de los Profetas hacen muchas referencias a los pobres, Isaías 61 se cita casi literalmente en el sermón de llamado de Jesús en Lucas 4:18–19 y se destaca por dos razones. La primera razón es que la palabra, ungida, marca este pasaje como una profecía mesiánica. Mientras que los sacerdotes, profetas, y reyes fueron todos ungidos como mesías en el Antiguo Testamento, Dios mismo hace la unción aquí. La segunda razón es que la frase, «los quebrantados de corazón» (Is 61:1), es una mejor analogía de «pobre en espíritu» que «pobre» y provee otra razón al preferir «pobre en espíritu» a simplemente «pobre» para interpretar esta bienaventuranza.

Cumplimiento

La clave interpretativa de Jesús es el verbo, cumplir, lo cual generalmente se traduce como:

> Para llevar a un fin diseñado, cumplir una profecía, una obligación, una promesa, una ley, una solicitud, un propósito, un deseo, una esperanza, un deber, un destino, un fatalismo (BDAG 5981, 4b).[1]

En Mateo 5:17, cumplir se opone al verbo, «destruir,» lo

cual generalmente se traduce como abolir. Esta oposición verbal es útil pues subraya el elemento dinámico en el cumplimiento—uno elimina algo estático al reemplazarlo con un nuevo elemento. Cumplimiento tiene claramente un elemento de expectativa (o deriva hacia adelante). Cumplir la ley no es reemplazarla sino extenderla.

La idea de extender la ley era nueva lo cual es quizás la razón porque Mateo ofreció más explanación y usó la palabra, cumplir, más que los otros evangelios. En los días de Jesús, por ejemplo, el rabino predicaba de la ley usando los profetas para interpretar su significado. Esta tradición podría llevar algunos a decir, tal vez, que la ley se había «cumplido» al cumplirla correctamente. Sin embargo, el Evangelio de Mateo ve la profecía cumplida en el sentido de vivirla o dar el siguiente paso en lugar de mero honrar la frontera de la ley existente (Guelich 1982, 163).

En la Ley y los Profetas, encontramos a Jesús anclado en la creación y promesas de Dios. En la palabra, cumplir, encontramos a Jesús enfocado en el futuro que le da a la misión de Jesús tanto continuidad como propósito.

∞

Padre Dios, Amado Hijo, Espíritu Santo

Te alabamos por tu ejemplo en la vida. En ti, la Ley y los Profetas se cumplen, no en palabras, sino en acciones. Ya no estamos sin esperanza—las buenas noticias se predican; los corazones rotos se sanan; y la libertad se proclama a los cautivos. En ti, hay el jubileo; en ti, hay consuelo; en ti, la muerte está desterrada para siempre para que nunca podamos llorar de nuevo.

Amén y amén.

∞

Preguntas
1. ¿Cuál es la declaración de misión de Jesús?
2. ¿Qué significa la frase, la Ley y los Profetas?
3. ¿Cuál es una buena definición para la frase: pobre en espíritu?
4. ¿Qué es la relación entre la palabra, manso, y la frase pobre en espíritu, y cómo lo sabemos?
5. ¿Quién viene a la mente en el Antiguo Testamento cuando usas el término manso? ¿Qué hay de orgulloso?
6. ¿Cuál es el significado de que Jesús tomara su sermón de llamado (Lucas 4:18–19) de Isaías 61:1–3?
7. ¿Qué significa cumplir la escritura?

Notas
1 To bring to a designed end, fulfill a prophecy, an obligation, a promise, a law, a request, a purpose, a desire, a hope, a duty, a fate, a destiny (BDAG 5981, 4b).

1.3: Sea Humilde, Sea Sal y Luz

Ustedes son la sal de la tierra;
pero si la sal se ha vuelto insípida,
¿con qué se hará salada otra vez?
Ya no sirve para nada,
sino para ser echada fuera y pisoteada por los hombres.
(Mt 5:13)

Las bienaventuranzas introducen el Sermón del Monte, donde los temas en las bienaventuranzas se expanden y anticipan la vida y el ministerio de Jesús. Algunos de los mismos temas se enfocan, por ejemplo, la noche del arresto de Jesús. Desde las bienaventuranzas hasta el sermón y la cruz, el tema principal de Jesús es testimonio de humildad.

El Contexto del Sermón

La centralidad del evangelismo cristiano en la enseñanza de Jesús es inmediata y obvia, comenzando en el versículo después la novena bienaventuranza donde Jesús enseña acerca de la sal. La sal es gregaria por razón que su utilidad viene solo en combinación con alimentos—nadie come sal sola. La sal se usa para mejorar el sabor de los alimentos y preservarlos. Metafóricamente, «el discípulo es a la gente del mundo lo que la sal es al alimento.» El discípulo, quien no quiere ser sal, es inútil y debajo juicio—«Ya no sirve para nada, sino para ser echada fuera y pisoteada por los hombres» (Guelich 1982, 126–127).

La centralidad del evangelismo se refuerza con una segunda metáfora sobre la luz (Mt 5:14–16). Claramente para Mateo la tensión entre el discípulo y el mundo es real, continua, y núcleo de la misión.

El mismo punto se hace en el evangelio de Lucas durante una presentación del amor de hacia los enemigos (Lc 6:27–28), por razón que sin el amor de hacia los enemigos nadie puede ser testigo.

El evangelismo es también una clave para Isaías 61:1:

> El Espíritu del Señor Dios está sobre mí, porque me ha ungido el Señor para traer buenas nuevas a los afligidos. Me ha enviado para vendar a los quebrantados de corazón, para proclamar libertad a los cautivos y liberación a los prisioneros; (Is 61:1)

El Mesías está ungido «para traer buenas nuevas a los afligidos,» una referencia clara al evangelismo. Observe que la expresión hebrea es solo dos palabras: la palabra pobre que significa «pobre, afligido, humilde, manso» (BDB 7238) y la palabra para «traer buenas nuevas.» Si un testigo humilde describe al Mesías y la descripción de su trabajo, entonces la expresión es inequívoca y se aplica a Jesús (Schnabel 2004, 3).

Contexto de las Horas Finales

La noche cuando Jesús sabia que seria arrestado y sus últimos minutos eran preciosos, emprende dos hechos conspicuos de humildad: lavó los pies de los discípulos durante la Última Cena (Jn 13:4–5) y oró en el Jardín de Getsemaní (Mt 26:39). El Evangelio de Juan registra que Jesús sabía que pronto sería traicionado y moriría (Jn 13:1–3) y, mientras un hombre condenado normalmente se retira, paralizado por el miedo y la amargura, Jesús comienza con calma una lección objetiva sobre la humildad:

> Jesús, sabiendo que el Padre había puesto todas las cosas en sus manos, y que de Dios había salido y a Dios volvía, se levantó de la cena y se quitó el manto, y tomando una toalla, se la ciñó Jesús, sabiendo que el Padre había puesto todas las cosas en sus manos, y que de Dios había salido y a Dios volvía, se levantó de la cena y se quitó el manto, y tomando una toalla, se la ciñó … pues si yo, el Señor y el Maestro, les lavé los pies, ustedes también deben lavarse los pies unos a otros. (Jn 13:3–14)

En el siglo primero, la mayoría de las personas caminaban descalzas (o solo usaban sandalias) y compartían los caminos con animales de carga (que a menudo dejaban sus desechos en el camino) lo que resultaba en pies sucios y malolientes que le tocaba a los esclavos lavar. Hasta donde sabemos, ninguno de los discípulos eran esclavos o esclavos poseídos, pero aceptar una tarea reservada para esclavos no habría sido una lección de objeto popular. Pedro se opuso al principio, pero cuando luego entendió el mensaje sobre humildad, dejó que Jesús lavara sus pies (Jn 13:8–9).

El lavado de pies no se menciona en Lucas, pero Lucas registra la enseñanza de Jesús sobre humildad:

> Y Jesús les dijo: los reyes de los gentiles se enseñorean de ellos; y los que tienen autoridad sobre ellos son llamados bienhechores. Pero no es así con ustedes; antes, el mayor entre ustedes hágase como el menor, y el que dirige como el que sirve. (Lc 22:25–26)

La importancia de la humildad en el liderazgo cristiano y servicio es clara en Lucas sin mencionar lavado de pies.

Mientras que el lavado de pies mostró humildad ante sus discípulos, humildad ante Dios fue demostrado en el Jardín de Getsemaní donde oró: «Padre mío, si es posible, que pase de mí esta copa; pero no sea como yo quiero, sino como tú quieras.» (Mt 26:39) Jesús repite esta oración tres veces en Mateo, subrayando la importancia de esta oración (Mt 26:42–44).

La oración de Jesús en el Jardín de Getsemaní muestra piedad, coraje, y humildad. Destaca también la importancia del dolor y el sufrimiento en la santificación. En el sufrimiento, ¿nos volvemos a Dios como Jesús o nos volvemos en nuestro dolor? Cuando nos volvemos a Dios a pesar del dolor, demostramos nuestra fe y nuestra identidad se acerca más a Cristo.

∞

Señor del Sábado,
Te alabamos por crearnos y colocarnos en una tierra hermosa, por permitirnos trabajo para apoyar a nuestras familias, y por darnos tiempo para descansar. En este mundo cansado, enséñanos a descansar y a ofrecer hospitalidad a quienes nos rodean. En el poder de tu Espíritu Santo, ayúdanos a ser humildes como la sal, lo que aromatiza, preserva, y adorna cada mesa y a irradiar tu luz cuando la oscuridad amenaza a sobrecoger. En el precioso nombre de Jesús, Amén.

Preguntas

1. ¿Cuál es el contexto para las Bienaventuranzas?
2. ¿Cuántas palabras hebreas se requieren para representar la frase: para traer buenas noticias a los pobres?
3. ¿Por qué las metáforas de sal y luz de Jesús son especiales?
4. ¿Qué dos actos de humildad realiza Jesús la noche de su arresto?
5. ¿Por qué es la oración de Jesús en el jardín de Getsemaní importante?
6. ¿Qué papel juegan el dolor y el sufrimiento en nuestra santificación?

1:4: Vivir Pobre en Espíritu

Entonces los que estaban reunidos, Le preguntaban: Señor, ¿restaurarás en este tiempo el reino a Israel? Jesús les contestó: No les corresponde a ustedes saber los tiempos ni las épocas que el Padre ha fijado con Su propia autoridad; pero recibirán poder cuando el Espíritu Santo venga sobre ustedes; y serán Mis testigos en Jerusalén, en toda Judea y Samaria, y hasta los confines de la tierra. (Hch 1:6–8)

La primera bienaventuranza—Honrados son los pobres en espíritu, pues de ellos es el reino de los cielos—pone la humildad en tensión con el poder. La humildad deja espacio en la vida para Dios, pero el orgullo empuja a Dios lejos de nosotros. Guelich (1982, 262) escribe:

> Esta tensión entre el reino presente y el reino futuro, entre el cumplimiento y consumación de la promesa de la salvación de Dios para la historia humano, se aplica tanto a la experiencia del individuo como a la historia colectiva.[1]

Ladd (1991, 57–69) ve el reino de Dios como ya aquí, pero aún no realizado completamente.

Reino de los Cielos

La oblicuidad de la primera bienaventuranza surge porque la frase, el reino de los cielos, es una circunlocución (un modo indirectamente de describir) del nombre de Dios. En la tradición judía, el nombre del pacto de Dios (YHWH) es santo y puede solo usarse adecuadamente en el contexto de adoración publica; en otros contextos, otras palabras—como el reino del cielo, Señor, o, simplemente, el Nombre—se sustituyen por respeto a la santidad del nombre de Dios. Por causa de estas sustituciones, la primera bienaventuranza podría reescribirse en consecuencia como: honrados son los humildes, porque Dios entrará en sus vidas.

Entendiendo la primera bienaventuranza arroja luz sobre otra enseñanza distintiva de Jesús. Jesús y Juan ambos enseñaron—«Arrepiéntanse, porque el reino de los cielos se ha acercado» (Mt 3:2; 4:17)—pero Juan se enfocó en el juicio mientras Jesús se enfocó en el perdón. Debido a que el perdón deja espacio para el juicio de Dios y la humildad facilita el perdón, ambos perdón y humildad hacen espacio para Dios en nuestras vidas (Mt 6:14–15).

La Humildad en el Antiguo Testamento

La humildad señala que Dios es bienvenido en nuestras vidas, como lo ilustra la vida de Abraham. Abraham es claramente hospitalario, una espacie de humildad (Gen 18:2–5), y Dios lo bendice: «Bendeciré a los que te bendigan, Y al que te maldiga, maldeciré. En ti serán benditas todas las familias de la tierra.» (Gen 12:3) La bendición de Dios está claramente destinada para compartir—Abraham es bendecido a ser una bendición a los demás. Dios bendice a Abraham con su presencia, con compartir sus planes para el futuro (Gen 18), y con ofrecer su provisión y protección a pesar de la duplicidad obvia de Abraham (Gen 20).

La importancia de humildad se afirma más claramente en la respuesta de Dios a la oración del rey Salomón al dedicar el primer templo en Jerusalén:

> Si se humilla mi pueblo sobre el cual es invocado mi nombre, y oran, buscan mi rostro y se vuelven de sus malos caminos, entonces Yo oiré desde los cielos, perdonaré su pecado y sanaré su tierra. (2 Par 7:14)

Aquí vemos que la humildad es condición previa para la presencia, perdón, y sanidad de Dios.

Espacio para Dios

El orgullo, lo opuesto a la humildad, podría también proveer una ocasión para la entrada de Dios en nuestras vidas, como se revela en la respuesta de Jesús a la pregunta impertinente de los discípulos en Hechos 1:6–8, citado anteriormente. En su respuesta, Jesús les dice a los discípulos que no pueden usurpar la autoridad soberana de Dios y luego, como un buen líder, reenfoca su atención a la misión.

En su explicación de la misión, Jesús se refiere a dos tipos de tiempo, traducidos aquí como los tiempos (chronos) y edades (kairos). El tiempo es un tiempo medido por un reloj de pulsera (o calendario) que podría considerarse como una temporada de esperar para el Señor. Las edades son un momento de revelación divina, algunas crisis para nosotros cuando todas las cosas cambian.

Cuando nos humillamos, invitamos a Dios a entrar en nuestras vidas, lo que puede ser un tiempo de bendición, perdón, o sanidad. Cuando no lo hacemos, Dios actúa soberanamente para cumplir sus planes, con o sin nosotros.

∞

Padre humilde, Hijo amoroso, Espíritu siempre presente, Te alabamos por tu misericordia mostrada a través de la vida, muerte, y resurrección de Jesucristo. Camina con nosotros día por día y concédenos un espíritu humilde para que podamos disfrutar de nuestra bendición, perdón, y curación. Mantennos enfocados en tu misión, no en la nuestra. En el precioso nombre de Jesús, Amén.

∞

Preguntas
1. ¿En cuál manera son la humildad y el perdón similar?
2. ¿Qué es una circunlocución?
3. ¿Cómo es el uso que hace Jesús de la frase, el reino de Dios, diferente de Juan el Bautista?
4. ¿Cómo invitamos a Dios a nuestras vidas y cuáles son algunos de los beneficios?
5. Nombra los dos tipos de tiempo en Hechos 1:7–8. ¿Cómo se diferencian?

Notas
1 This tension between the Kingdom present and the Kingdom future, between the fulfillment and consummation of God's promise of salvation for human history, applies not only to history but to the experience of the individual.

2.0 HONRADOS LOS QUE LLORAN

2.1: Gozo en Tristeza

2.2: Lamento sobre Pecado

2.3: La Muerte Significa Resurrección

2.4: El Luto Define Identidad

2.1: Gozo en Tristeza

Honrados los que lloran,
pues ellos serán consolados.
(Mt 5:4)

La tensión dentro de nosotros mismos nunca es más obvia que cuando estamos afligidos. El duelo derrota toda pretensión de autosuficiencia mientras clamamos a Dios desde el fondo de nuestros corazones y reconocemos nuestra dependencia y pérdida. Esta pérdida y la tristeza posterior es la forma más básica de sufrimiento humano (France 2007, 109). Debido a que la tristeza y la bendición se encuentran en los extremos opuestos del espectro emocional—uno se siente maldecido, no bendecido en tristeza, es paradójico el ser honrado en el duelo.

Duelo y Consuelo

El duelo y el consuelo se unen en la interpretación de Mateo de la segunda bienaventuranza. La palabra griega para el duelo significa—«experimentar tristeza por causa de alguna condición o circunstancia, estar triste, afligir, llorar» (BDAG 5773.1).[1] Mientras, la palabra para consuelo significa—«infundir a alguien coraje o ánimo, consuelo, aliento, ánimo» (BDAG 5584.4).[2]

La interpretación de la bienaventuranza del cual Lucas habla no es de el duelo y el consuelo, sino de llanto y risa. En la segunda bienaventuranza, Mateo se enfoca sobre la tensión interna y la liberación del duelo (luto/aliento) mientras que Lucas se enfoca sobre la expresión externa (lloro/risa). El apóstol Pablo ve esta tensión interna como críticamente importante en nuestra formación espiritual. Escribe: Porque la tristeza que es conforme a la voluntad de Dios produce un arrepentimiento que conduce a la salvación, sin dejar pesar; pero la tristeza del mundo produce muerte. (2 Cor 7:10) Pablo usa una palabra que es completamente diferente para el duelo en el griego significa: «pena de mente o espíritu, duelo, tristeza, aflicción» (BDAG 4625).[3] En el análisis de Pablo vemos el duelo teñido de culpa y vergüenza, un motivo para el arrepentimiento.

Objetivo de Luto

En el evangelio de Mateo, Jesús es el objetivo de luto, lo que aparece solamente una vez antes y una vez después la segunda bienaventuranza. Antes la bienaventuranza, Mateo registra el luto de las madres judía después de la matanza de inocentes en Belén por el Rey Herodes el

Grande (Mt 2:18).

Mateo cita al Profeta Jeremías: Así dice el SEÑOR: Se oye una voz en Ramá, Lamento y llanto amargo. Raquel llora por sus hijos; Rehúsa ser consolada, por sus hijos que ya no existen. (Jer 31:15) Raquel murió en el parto cuando nació su segundo hijo. Ella lo llamó—Ben-omi (hijo de mis tristezas)—pero Jacob lo renombró: Benjamín (hijo de la mano derecha; Gen 35:18). En la cita de Jeremías la palabra griega para llorar es la misma palabra que se usa en la segunda bienaventuranza en Lucas y significa simplemente: llorar o clamar (BDAG 4251.1).

Después la bienaventuranza, Mateo informa que Jesús cuenta una breve parábola: Y Jesús les respondió: ¿Acaso los acompañantes del novio pueden estar de luto mientras el novio está con ellos? Pero vendrán días cuando el novio les será quitado, y entonces ayunarán. (Mt 9:15) Debido al luto acompaña tanto la encarnación (la matanza de inocentes) como su ascensión (una parábola de Jesús), por Mateo el objeto de luto es siempre Jesús. Las historias de la viuda de Naín (Lc 7:11–16) y Lázaro (Jn 11–12), que contienen obvias referencias de luto, no aparecían en

Mateo. Una excepción posible a esta generalización sobre luto son las referencias del infierno como un lugar de lloro y crujir de dientes (Mt 8:12, 13:42, 13:50, 22:13, 24:51, y 25:30).

¿Por Qué Llora Dios?

Si el luto requiere un objeto, ¿por qué llora Jesús? Al igual que Dios lloró por el pecado antes de enviar el diluvio (Gen 6:6), Jesús lloró por los pecados de la nación de Israel, tomando prestadas palabras de el Profeta Isaías: «para consolar a todos los que lloran» (Is 61:2). Isaías 61 conecta las bienaventuranzas y el sermón de llamado de Jesús y llama a la atención el papel de Jesús como un mesáis profético. Mesías es la palabra en hebreo traducido como Cristo en griego—ambos significan el ungido (Jn 1:4; BDAG 4834). En la tradición judía, profetas, reyes, y sacerdotes eran ungidos lo que explica los tres tipos de mesías y señala a tres oficinas del ministerio mesiánico de Jesús.

Por el contrario, la profecía de Isaías anunció la liberación de esclavos en Babilonia quien previamente desobedecieron a Dios y se rebelaron dos veces contra el rey de Babilonia, Nabucodonosor. Debido a su rebelión,

Nabucodonosor puso sitio a Jerusalén, quemó la ciudad y el templo, y llevó a muchos sobrevivientes judíos de regreso a Babilonia como esclavos (2 Re 24–25). En este contexto, la salvación judía era literal—Dios pagaría su rescate y los redimiría de la esclavitud, usando el Rey Ciro de Persia para redimirlos (Ezr 1:1–3). La redención de esclavos pecaminosos (israelitas rebeldes) es un pequeño paso alejado de la redención de esclavos del pecado (nosotros).

El duelo por el pecado comienza en Mateo con Juan el Bautista—«Arrepiéntanse, porque el reino de los cielos se ha acercado» (Mt 3:1)—quien se basa en gran medida en la tradición profética. Por ejemplo, el duelo por el pecado empieza en la historia del llamado del profeta Isaías: Entonces dije: ¡Ay de mí! Porque perdido estoy, Pues soy hombre de labios inmundos Y en medio de un pueblo de labios inmundos habito, Porque mis ojos han visto al Rey, el SEÑOR de los ejércitos. (Is 6:5) En otra parte de los profetas leemos: «Porque viene el día, ardiente como un horno, y todos los soberbios y todos los que hacen el mal serán como paja» (Mal 4:1). Frente una eternidad en el infierno (un horno ardiente) para nuestra insuficiencia, quebrantamiento, y pecado (hechos maldad), las escrituras sugieren que las respuestas apropiadas incluyen arrepentimiento, luto, y reconciliación.

La Voz Profética

Otra palabra para luto—ay—es la expresión clásica de la voz profética y Lucas la usa como un contraste inmediatamente después de μακάριος en sus bienaventuranzas. Por ejemplo, leemos: Honrados (μακάριος) ustedes los pobres, porque de ustedes es el reino de Dios . . . Pero ¡ay de ustedes los ricos! Porque ya están recibiendo todo su consuelo. (Lc 6:20, 24) En griego, ay es una: «interjección denotando dolor o disgusto, aflicción, triste» (BDAG 542.1).[4] Mateo usa la palabra, ay, once veces, pero no en el contexto de sus bienaventuranzas, como Lucas.

El luto es también una forma de ansiedad que Jesús sugiere puede centrarse en la comida, las ropas, y el futuro (Mt 6:15–34). Jesús continua: «Pero busquen primero su reino y su justicia, y todas estas cosas les serán añadidas» (Mt 6:33). El hermano de Jesús, Santiago, completa este pensamiento: Acérquense a Dios, y El se acercará a ustedes . . . Aflíjanse, laméntense y lloren. Que su risa se convierta en lamento y su gozo en tristeza. Humíllense en la presencia del Señor y El los exaltará. (Sant 4:8–10) Aquí Santiago relaciona el duelo con humillarnos ante Dios.

Triada de Humildad

El vínculo en Santiago entre duelo y humildad sugiere una lectura sutil de las primeras tres bienaventuranzas como una enfática triada de humildad. De hecho, los primeros manuscritos invierten la segunda y tercera bienaventuranzas (manso se vuelve lloran y lloran se vuelve manso) lo que sugiere apoyo textual para esta interpretación (Nestle-Aland 2012, 9). Recuerde que pobre en espíritu y manso se pueden expresar en la misma palabra hebrea (Num 12:3). En la ordenación actual (es decir, pobre en espíritu, llorar, y manso) el duelo está entre corchetes entre dos expresiones para humildad que sugiere que es sinónimo de humildad.

∞

Dios de Toda Compasión,

Acércate a mí en mi luto, oh Señor. No me dejes llorar solo, sino que me vuelvo hacia ti. Recuerdo como caminabas conmigo durante los días soleados—días en que los árboles brillaban con hojas y las flores florecían a lo largo de la playa, las colinas y el bosque. Ahora que el otoño ha llegado y los días acortan, esté siempre cerca me mientras camino por caminos tormentosos que serpentean a través de las sombras y bajo los árboles sin hojas. Perdona mi distancia emocional, siempre mentalmente lejos, pensando que el sol siempre brillará y la brisa cálida permanecerá cerca. Perdona mi actitud de mano cerrada, aferrándome al tiempo, aferrándome a los recursos, aferrándome a mi mismo. Concédeme una mente clara, un corazón generoso y manos útiles a través de tu Espíritu Santo, Dios Todopoderoso. Que podría ser como tú—ahora y siempre. En el nombre precioso de Jesús, Amén.

∞

Preguntas
1. ¿Qué hace que la Segunda Bienaventuranza sea paradójica?
2. ¿En qué se diferencia el tratamiento de Mateo de esta Bienaventuranza al de Lucas?
3. ¿Cuál es el principal objeto de duelo en Mateo?
4. ¿Por qué llora Jesús?
5. ¿Qué otras palabras se usan para el duelo en la Biblia?

Notas
1 Duelo means—"to experience sadness as the result of some condition or circumstance, be sad, grieve, mourn"

(BDAG 5773.1).

2 Consuelo means—"to instill someone with courage or cheer, comfort, encourage, cheer up" (BDAG 5584.4).

3 Duelo means: "pain of mind or spirit, grief, sorrow, affliction" (BDAG 4625).

4 Ay is an: "interjection denoting pain or displeasure, woe, alas" (BDAG 542.1).

2.2: Lamento sobre Pecado

Los que siembran con lágrimas,
segarán con gritos de júbilo.
(Sal 126:5)

La segunda bienaventuranza dice que los que lloran serán consolados, pero ¿por qué llora Dios? En Génesis, Dios se aflige por la maldad humana:

El SEÑOR vio que era mucha la maldad de los hombres en la tierra, y que toda intención de los pensamientos de su corazón era sólo hacer siempre el mal. Y al SEÑOR le pesó haber hecho al hombre en la tierra, y sintió tristeza en su corazón. (Gen 6:5–6)

El pecado humano entristeció tanto a Dios que envió el diluvio, salvando solo a Noé, su familia, y dos de cada animal (Gen 6:7–8)

Los Libros de la Ley

En otros pasajes, los estudios de la palabra para duelo que se usan en Mateo 5:4 en griego, lo asocian más a menudo con el luto por la muerte. Por ejemplo, Abraham llora sobre la muerte de su esposa, Sara (Gen 23:2), y José llora sobre la muerte de su padre, Jacob (Gen 50:3).

Por contrario, los estudios de la palabra para llorar

se usan en la bienaventuranza en Lucas (Lc 6:21) en el griego (no como en español), la asocia frecuentemente con oración en medio de sufrimiento. Por ejemplo, un punto significativo en la vida de Moisés surgió cuando como un bebé lloraba yacer en la canasta flotando en el Nilo. Por ejemplo, un punto significativo en la vida de Moisés surgió cuando como un bebé lloraba en la canasta flotando en el Nilo. Al escuchar el lloro de Moisés, la hija del faraón se conmueve para rescatar y criar al niño como suyo, desobedeciendo el edicto de su padre para ahogar todos los niños hebreos—incluso Moisés (Ex 1:22, 2:6). Más tarde, Moisés llora ante el Señor en oración para sanar a su hermana, Miriam, quien fue afligida con lepra, y ella se sana (Num 12:13). Por el contrario, clamar en el sentido de lloriqueo o auto-compasión evoca la ira de Dios (Num 11:10).

Los Libros de los Profetas

El enfoque de llorar cambia en los Libros de los Profetas de la muerte de una persona a la angustia—clamando por el destino de la nación de Israel (e.g. Jer 8:18–19).

Israel clamaba al Señor en la angustia principalmente

por los altibajos de liderazgo durante los cuatro cientos años después de que la nación salió de Egipto. Durante estos años Moisés sacó a la nación de Israel de Egipto y Joshua llegó a la Tierra Prometida con un fuerte liderazgo carismático. Pero el liderazgo se debilitó cuando ellos entraron el período de los jueces, como hoy día, «Cada uno hacía lo que le parecía bien ante sus propios ojos» (Jue 17:6). Durante el tiempo de los jueces, un ciclo de pecado, problemas, avivamiento, y restauración se convirtió en el patrón normal (Younger 2002, 35). El cambio en este patrón surgió cuando la gente se volvió y lloró al Señor para que cumpliera sus promesas:

> Y sucederá que cuando todas estas cosas hayan venido sobre ti, la bendición y la maldición que he puesto delante de ti, y tú las recuerdes en todas las naciones adonde el SEÑOR tu Dios te haya desterrado, y vuelvas al SEÑOR tu Dios, tú y tus hijos, y le obedezcas con todo tu corazón y con toda tu alma conforme a todo lo que yo te ordeno hoy, entonces el SEÑOR tu Dios te hará volver de tu cautividad, y tendrá compasión de ti y te recogerá de nuevo de entre todos los pueblos adonde el SEÑOR tu Dios te haya dispersado. (Dt 30:1–3)

En el Libro de Jueces, este patrón de pecado, problemas, avivamiento, y restauración se repite al menos cinco veces

(Jue 3:9, 15; 4:3; 6:6–7; y 10:10). Por ejemplo:

> Cuando los Israelitas clamaron al SEÑOR, el SEÑOR levantó un libertador a los Israelitas para que los librara, a Otoniel, hijo de Cenaz, hermano menor de Chaleb. (Jue 3:9).

Más tarde durante el período del exilio de Judá a Babilonia, el luto se vuelve prominente como la primera de las dos partes en un lamento. Un lamento comienza con duelo, pero termina en alabanza. Jeremías, el Profeta de Luto, escribió el Libro de Lamentaciones; también leemos muchas lamentaciones en los Salmos, como en:

> Cántico de ascenso gradual. Desde lo más profundo, oh SEÑOR, he clamado a ti. ¡Señor, oye mi voz! Estén atentos tus oídos A la voz de mis súplicas. SEÑOR, si tú tuvieras en cuenta las iniquidades, ¿Quién, oh Señor, podría permanecer? Pero en ti hay perdón, para que seas temido. (Sal 130:1–4)

El corazón se vacía primero de amargura; entonces, se abre a Dios (Card 2005, 19). Esta forma de lamento también aparece en la segunda Bienaventuranza, donde Jesús dice—«Honrados los que lloran, pues ellos serán consolados» (Mt 5:4).

Este luto sobre el pecado, una pena piadosa, aparece mientras Jesús empieza su camino a la cruz (2 Cor

7:10). En la misma manera que Dios lloró debido al pecado cuando preparó el gran diluvio, Jesús llora sobre la dureza de corazón de los fariseos por el sábado:

> Y Jesús le dijo al hombre que tenía la mano seca: Levántate y ponte aquí en medio. Entonces Jesús dijo a los otros: ¿Es lícito en el día de reposo hacer bien o hacer mal, salvar una vida o matar? Pero ellos guardaban silencio. Y mirando con enojo a los que lo rodeaban, y entristecido por la dureza de sus corazones, le dijo al hombre: Extiende tu mano. Y él la extendió, y su mano quedó sana. Pero cuando los fariseos salieron, enseguida comenzaron a tramar con los herodianos en contra de Jesús, para ver cómo lo podrían destruir. (Mc 3:3–6)

Aquí, cuando Marco escribe sobre la dureza de corazón, se compara a los fariseos con el faraón (Ex 4:21).

La narrativa en Marcos 3 también es significativa por razón de que vincula explícitamente el sufrimiento humano con el pecado y el luto de Dios. Marcos 3 «es el único pasaje en los evangelios donde se dice que Jesús está enojado» (Elliott 2006, 214).[1] Jesús se enoja porque «el día de reposo se hizo para el hombre, y no el hombre para el día de reposo» (Mc 2:27) y él se preocupa por el bienestar de las personas más que por la obediencia del sábado (Lester 2007, 14–16, 106). Si Jesús se preocupa por los sufrimientos, nosotros deberíamos también.

∞

Padre compasivo,

Esta especialmente cerca de mí esta mañana—borra mi culpa; esconde mi vergüenza; encubre mi pecado. Aunque soy indigno, comparte un momento íntimo conmigo. Recuérdame tiempos mejores. Concédeme un día nuevo en la luz del sol de tu misericordia—un día en que podría perderme en tu amor y extiende tu amor libremente a quienes me rodean. Abre un puente sobre las brechas que nos separan—tiempo y santidad y poder—para que pueda pasar más tiempo con los que me rodean, compartir en tus santos afectos, superar mi propias debilidades y amarguras, y recurrir a ti en lugar de mi dolor, para que experimentes un dolor piadoso y redentor. A través del poder de tu Espíritu Santo y en el nombre de Jesús, Amén.

∞

Preguntas
1. ¿Por qué lloras? ¿Por qué llora Dios?
2. ¿En qué se diferencia el duelo en el Antiguo Testamen-

to entre los Libros de la Ley y los Libros de los Profetas?
3. ¿Cuáles son los objetos de duelo y llanto en el Antiguo Testamento?
4. ¿Qué es el luto de Dios?
5. ¿Cuáles son las dos partes de un lamento y por qué nos importa?
6. ¿Dónde vemos la forma de lamento en el Nuevo Testamento?
7. ¿Qué tiene de especial Marcos 3:4–6?

Notas

1 Mark 3 "is the only passage in the gospels where Jesús is said to be angry." (Elliott 2006, 214).

2.3: La Muerte Significa Resurrección

> *Y cuando Jesús la vio llorando, y a los judíos que vinieron con ella llorando también, se conmovió profundamente en el espíritu, y se entristeció. ¿Dónde lo pusieron? . . . Habiendo dicho esto, gritó con fuerte voz: ¡Lázaro, sal fuera!*
> (Jn 11:33–34, 43)

*E*sta forma de dos partes de un lamento nos pone en un viaje espiritual. Cuando Jesús llora, los muertos resucitan (Mc 5:38–41). Cuando Jesús muere, nuestras vidas son redimidas y encontramos esperanza (1 Pe 1:3), como el Apóstol Pablo escribe:

> y conocerlo a El, el poder de Su resurrección y la participación en Sus padecimientos, llegando a ser como El en Su muerte, a fin de llegar a la resurrección de entre los muertos.
> (Flp 3:10–11)

Pablo nos aconseja que imitemos a Cristo y que pongamos nuestras emociones al servicio de Dios (e.g. Rom 12:14–15) para que el mundo mismo pueda también ser redimido (Rom 8:22).

La esperanza redime nuestro luto. La esperanza de la resurrección nos permite mirar más allá del dolor en esta vida hacia nuestro futuro en Cristo, como el Profeta Jeremías escribió tan elegantemente:

> Porque yo sé los planes que tengo para ustedes, declara el SEÑOR planes de bienestar y no de calamidad, para darles un futuro y una esperanza. (Jer 29:11)

Escuchamos un eco de Jeremías en el Sermón del Monte, cuando escribe sobre la ansiedad:

> Por eso les digo, no se preocupen por su vida, qué comerán o qué beberán; ni por su cuerpo, qué vestirán. ¿No es la vida más que el alimento y el cuerpo más que la ropa? (Mt 6:25)

La ansiedad es una forma de duelo sobre los desafíos diarios de la vida—qué comer o qué ponerse—es una especie de desesperación por las circunstancias actuales.

Como cristianos, sabemos que las circunstancias actuales dan paso a un futuro en Cristo—la muerte no tiene la última palabra (1 Ts 4:13). Debido a que nuestro futuro está en Cristo, somos como niños que pueden deleitarse escuchando historias de miedo por que saben que las historias tienen un final feliz. El Apóstol Pablo escribe:

> Porque la tristeza que es conforme a la voluntad de Dios produce un arrepentimiento que conduce a la salvación, sin dejar pesar; pero la tristeza del mundo produce muerte. (2 Cor 7:10)

La palabra para la tristeza que Pablo usa significa: «dolor mental o espiritual, dolor, tristeza, aflicción» (BDAG 4625).[1]

Nos afligimos por nuestro pecado; nos lamentamos por nuestra fragilidad; y una vez lo hemos derramado todo, nos volvemos a Dios y nos arrepentimos, como escribe el salmista:

> Los que siembran con lágrimas, segarán con gritos de júbilo. El que con lágrimas anda, llevando la semilla de la siembra, En verdad volverá con gritos de alegría, trayendo sus gavillas. (Sal 126:5-6)

Esto suena similar a la versión de Lucas de la segunda bienaventuranza: «Honrados ustedes los que ahora lloran, porque reirán» (Lc 6:21).

A través de la pena piadosa y arrepentimiento Dios nos conduce suavemente a salvación.

∞

Cordero de Dios,

Gracias por la esperanza que viene en medio de la vida y la muerte. Esta especialmente presente con aquellos que lloran—lloran por la pérdida de alguien ser querido; lloran por una vida no vivida según el plan; lloran por el pecado y el quebrantamiento y la vergüenza. Muéstranos el camino hacia la recuperación, la integridad, y restauración; muéstranos los planes que nos has trazado—

planes para bienestar, no para el mal, para un futuro, y una esperanza en ti. Concédenos una pena piadosa que produce *el* arrepentimiento y la redención y una nueva vida de alegría. En el poder de tu Espíritu Santo, limpia nuestras lágrimas para que podamos contemplar al Padre. En el nombre de Jesús, Amén.

∞

Preguntas

1. ¿Qué es el luto de Dios? ¿En qué se diferencia de otro luto?
2. ¿Qué pasos ve Pablo en la imitación de Cristo? ¿Qué es la naturaleza de la esperanza cristiana?
3. ¿En qué se parece la ansiedad al dolor? ¿Cómo se diferencian?
4. ¿Por qué hay tensión entre la esperanza y el dolor?

Notas

1 The word for grief that Paul uses means: "pain of mind or spirit, grief, sorrow, affliction" (BDAG 4625).

2.4: El Luto Define Identidad

> *Padre Mío, si es posible, que pase de mí esta copa; pero no sea como yo quiero, sino como tú quieras.*
>
> (Mt 26:39)

La tensión emocional dentro de nosotros nunca es más grande que cuando lloramos por lo que requiere una decisión: ¿Nos volvemos a nuestro dolor en auto-compasión o nos volvemos a Dios en la fe? De pie a la sombra de la Cruz en Getsemaní, Jesús se volvió hacia Dios cuando enfrentó esta decisión.

Las decisiones que tomamos y los dolores que soportamos dan forma a nuestra identidad porque son inevitables y costosas—normalmente no elegimos experimentar dolor. La pena y el luto nos transforman y la única emoción que aparece en las bienaventuranzas es el luto.

Nos afligimos cuando perdemos algo importante. Al escribir sobre la segunda bienaventuranza, Evangelista Billy Graham (1955, 20–26) identificó cinco objetos de duelo:

1. Inadecuado—antes de poder fortalecerse, debe

reconocer su propia debilidad;

2. Arrepentimiento—antes de que puede pedir perdón, debe reconocer su pecado;

3. Amor—nuestra compasión por el sufrimiento de hermanos y hermanas toma la forma de duelo y la mitad nuestra respuesta al mandamiento de Cristo a amar a Dios y a nuestro prójimo.

4. Alma tristeza—gimiendo por la salvación de los perdidos; y

5. Duelo: luto por aquellos que han fallecido.

Estos objetos de luto se pueden también clasificar funcionalmente, como:

1. Pérdida de materiales;

2. Pérdida de relación;

3. Pérdida entra-psíquica—pérdida de un sueño;

4. Pérdida funcional—incluso pérdida de autonomía.

5. Pérdida de roles—como la jubilación; y

6. Pérdida sistémica—como la partida de su familia de origen (Mitchell and Anderson 1983, 36–45).

Cada pérdida es única y debe lamentarse por separado lo que toma tiempo y energía. Cuando negamos tomar tiempo para llorar sobre nuestras pérdidas, el dolor no desaparece mágicamente; puede volver en la forma de brotes repentinos de ansiedad o depresión sin explicación obvia—secuestros emocionales. Tratamos de evitar el dolor porque nos recuerda nuestra mortalidad y, al hacerlo, con frecuencia desafía las hipótesis erróneas por las que preferimos vivir.

San Francisco de Asís lo dijo mejor:

Señor, concédeme que pueda buscar hacia

Consolar que ser consolada,

Entender que ser entendido,

Amar que ser amado

En dar que recibir,

En auto-olvidarse es que uno encuentra,

En perdonar que se es perdonado,

En morir es que uno despierta a la vida eterna.[1]

Las penas que aceptamos y las elecciones que hacemos fortalecen nuestra fe, determinan nuestro carácter, soportan nuestras relaciones, moderan en nosotros como el fuego de fundidor (Mal 3:2).

Jesús enseña: «Honrados los que lloran, pues ellos serán consolados» (Mt 5:4).

∞

Padre Todopoderoso,

Te alabo por tu presencia duradera y tu gloria manifiesta en cada lugar. Tu gloria me despierta por la mañana; sustenta mis días; y me protege durante la noche. Vacíame de toda desesperación y amargura que desinflan mi vida. Ayúdame a confesar mis debilidades, mi quebrantamiento, y mi pecado para hacer espacio para tu gloria, tu misericordia, y tu amor. Sáname con tu presencia como solo tu presencia puede hacerlo. Venda mis heridas; dame esperanza; y guíame en tus caminos para que pueda ver el nuevo día que me has preparado. En el poder de tu Espíritu Santo y en el precioso nombre de Jesús, Amén.

∞

Preguntas
1. ¿Qué es un momento de Getsamení?
2. ¿Qué decisión nos plantea el dolor y cómo esta decisión forma nuestro carácter?
3. ¿Cuál es la única emoción que se cita en las Bienaventuranzas y por qué?
4. Nombra los cinco objetos de duelo citados de Billy Graham. ¿Cuáles son los seis tipos de pérdidas?
5. ¿Por cuáles razones es importante llorar nuestras pérdidas? ¿Qué es un secuestro emocional?
6. ¿Qué es lo que más recuerda de sus abuelos u otros seres queridos que han fallecido?

Notas

1 *Lord, grant that I may seek rather*

To comfort than to be comforted,

To understand than to be understood,

To love than to be loved;

For it is by giving that one receives,

It is by self-forgetting that one finds,

It is by forgiving that one is forgiven,

It is by dying that one awakens to eternal life (Graham 1955, 24).

3.0 HONRADOS LOS MANSOS

3.1: Resolver la Tensión en la Identidad

3.2: La Mansedumbre de Dios Habla Volúmenes

3.3: Manso es el Gen Pastoral

3.4: Lidere desde de la Mansedumbre

3.1: Resolver la Tensión de la Identidad

Pero los humildes poseerán la tierra y se deleitarán en abundante prosperidad.

(Sal 37:11)

Una resolución de las tensiones de la vida es que son absorbidas por nuestra identidad, definiendo nuestra propia imagen, relaciones, acciones, y reacciones. Por ejemplo, una identidad pastoral implica pasar tiempo con Dios, interpretar las escrituras, orar con otros, predicar el evangelio, y ofrecer consuelo a todos; estas actividades se esperan de pastores y son una parte esencial de la capacitación de pastores. Igualmente, capacitar en humildad nos hace mansos, una parte de nuestra identidad como los discípulos de Cristo.

La Mansedumbre es Única

La tercera bienaventuranza es singular de Mateo: «Honrados los humildes, pues ellos heredarán la tierra» (Mt 5:5). Manso significa: «no [está] demasiado impresionado por un sentido de auto-importancia, gentil, humilde, considerado» (BDAG 6132).[1] El manso es como la humildad aplicada (pobre en espíritu)—un rasgo de carácter de ser humilde (Guelich 1982, 82), sugerido por no menos de tres versículos en Mateo:

1. «Tomen mi yugo sobre ustedes y aprendan de mí, que yo soy manso y humilde de corazón, y hallaran descanso para sus almas» (Mt 11:29).

2. «Digan a la hija de Sion: mira, tu rey viene a ti, humilde y montado en un asna, y en un pollino, hijo de bestia de carga» (Mt 21:5).

3. «Entonces el sumo sacerdote, levantándose, le dijo: ¿No respondes nada? ¿Qué testifican éstos contra Ti? Pero Jesús se quedó callado. Y el sumo sacerdote le dijo: te ordeno por el Dios viviente que nos digas si tú eres el Cristo (el Mesías), el hijo de Dios» (Mt 26:62–63).

En estos tres eventos—la invitación de Jesús al discípulo, su humilde desfile hacia Jerusalén, y su silencio durante el juicio—Jesús exhibió su mansedumbre. Sedler (2003, 92) observa lo que «todo lo que Jesús dijo [a su juicio] habría sido retorcido, cambiado, y rechazado.»[2] La mansedumbre de Jesús se observa también en los escritos de los apóstoles Pedro, Santiago, y Pablo (e.g. 1 Pe 3:13–17, Sant 1:21, and 2 Cor 10:1).

Honra y Mansedumbre

En su escrito Neyrey (1998, 181–182) describe la honra en mansedumbre en estos términos:[3]

> Puede claro entenderse como motivo de elogio por negarse a ser una víctima…según

> una coreografía a los desafíos de honra, el manso podría ser una persona quien no hace reclamos de honra (e.g. Mt 21:5), o más probablemente, alguien quien no da una respuesta a los desafíos y no responde con ira a los insultos. Desde este punto de vista, un manso se quita por completo de los juegos de honra típicos del pueblo... no busca venganza.

La implicación aquí es que el manso elige sabiamente a permanecer en silencio, especialmente cuando hablar escalaría en conflicto con otra persona.

El problema de escalamiento se mencionó en el Sermón del Monte cuando Jesús dijo:

> 1. Pero yo les digo que todo aquél que esté enojado con su hermano será culpable ante la corte; y cualquiera que diga: Insensato (Inútil) a su hermano, será culpable ante la corte suprema (el Sanedrín); y cualquiera que diga: Idiota, será merecedor del infierno de fuego. (Mt 5:22)

> 2. Antes bien, sea el hablar de ustedes: sí, sí o no, no; porque lo que es más de esto, procede del mal (del maligno). (Mt 5:37)

> 3. Pero Yo les digo: no resistan al que es malo; antes bien, a cualquiera que te abofetee en la mejilla derecha, vuélvele también la otra. Al que quiera ponerte pleito y quitarte la túnica, déjale también la capa. Y cualquiera que te obligue a ir un kilómetro, ve con él dos. (Mt 5:39–41)

La Mansedumbre como Estrategia

Savage (1996, 57–61) sugiere una estrategia de no resistir el mal, «nublando» [fogging] que consiste en encontrar algo en la critica en el cual estar de acuerdo para frustrar el agresor y no estar a la defensiva, como cuando Jesús responde cuando se le preguntó acerca de los impuestos (Mt 22:17–22). Más generalmente, el manso se refugia en vez de buscar vindicación, no ofrecerá una respuesta cuando pudiera actuar imprudentemente, o simplemente hace la paz. Debemos preservar una identidad humilde al negarnos a disputar, menospreciar, o participar en una respuesta de palabras duras. En otras palabras, defiende tu mansedumbre con el silencio y la humildad.

Ortberg (2012, 107) ilustra la mansedumbre de Jesús al imaginar una charla que Jesús podría haberles dado a los discípulos:[4]

> Aquí está nuestra estrategia. No tenemos dinero, influencia, estatus, edificios, o soldados ... Les diremos [líderes judíos y romanos, zelotes, colaboradores, esenios] a todo que están en el camino equivocado . . . Cuando nos odien—y muchos de ellos lo harán—no nos defenderemos, no escaparemos y no nos rendiremos.

> Seguiremos amándolos. Está mi estrategia.

La mansedumbre es una estrategia, no una debilidad, que nos identifica como cristianos, avanza el reino, y roba el trueno de nuestros adversarios.

∞

Clemente Señor,

Ayúdanos a descansar en ti—a soportar las cargas que soportaste, exhibir la gracia que exhibiste y extender la paz que extendiste. Despeja nuestras mentes abarrotadas y calma nuestros corazones inquietos para que nos neguemos a señalar con el dedo, rechacemos ser víctimas, y resolvamos remangarnos para ayudar a quienes nos rodean y amar a nuestros enemigos. Sánanos de nuestra ansiedad y restáuranos a la persona que tú nos creaste a ser. A través del poder de tu Espíritu Santo y en el precioso nombre de Jesús, Amén.

∞

Preguntas
1. ¿Cómo se resuelven a veces las tensiones de la vida?
2. ¿Qué significa poner nuestra identidad en Cristo y no en circunstancias?
3. ¿Cómo defines mansedumbre? ¿Fue Jesús manso?
4. ¿Qué es un juego de honra? ¿Cómo responden los mansos?
5. ¿Qué dice John Ortberg sobre la estrategia de Jesús para el evangelio y por qué es interesante?

6. ¿En qué se diferencia la mansedumbre de la debilidad?

Notas

1 Meek means to: "not [be] overly impressed by a sense of one's self-importance, gentle, humble, considerate" (BDAG 6132).

2 Sedler (2003, 92) observes that "anything Jesus said [at his trial] would have been twisted, turned, and rejected."

3 It can indeed be understood as grounds for praise for refusing to be a victim…according to the choreography of honor challenges, the 'meek' person could be one who makes no honor claims (e.g. Mt 21:5), or, more likely, one who does not give a riposte [response] to challenges and does not respond in anger to insults. In this light, a 'meek' person disengages entirely from the typical honor games of the village…failure to seek revenge (Neyrey 1998, 181–182).

4 Here's our strategy. We have no money, no clout, no status, no buildings, no soldiers . . . We will tell them [Jewish and Romans leaders, Zealots, collaborators, Essenes] all that they are on the wrong track . . . When they hate us—and a lot of them will . . . we won't fight back, we won't run away, and we won't give in. We will just keep *loving them . . . That's my strategy. (Ortberg 2012, 107)*

3.2: La Mansedumbre de Dios Habla Volúmenes

Moisés era un hombre muy humilde,
más que cualquier otro hombre
sobre la superficie de la tierra.
(Num 12:3)

Debido a que la mansedumbre es más un fruto del espíritu (Gal 5:19–23) que un estado natural, debemos se aprender a ser manso. Si Jesús es manso, entonces ¿eso implica que Dios aprendió a ser manso? ¿Qué sugiere el Antiguo Testamento sobre la mansedumbre de Dios?

Los Libros de la Ley

Moisés es descrito como manso. Debido a que él tienia una relación especialmente íntima con Dios (Num 12:3) y todos nos sentimos atraídos por personas que comparten nuestros valores, la mansedumbre de Moisés puede inferir que Dios también es manso. Los narrativos sobre Dios como creador, hacedor de pactos, y destructor por medio del diluvio que flota el arca de Noé juntos sugieren que Dios mismo es manso.

Creador. Como creador, Dios se representa como un soberano que emite decretos, tales como: «Entonces dijo Dios: Sea la luz. Y hubo luz» (Gen 1:3). Cómo se llegó a la luz, no se nos dice; solo se nos dice que Dios decretó que se haga—Dios habla, pero no es hablador. Dios luego declara—«Dios vio que la luz era buena» (Gen 1:4)—Dios no se jacta, él observa mansamente. Mientras su capacidad para crear ilustra el poder de Dios, Dios— «no [está] demasiado impresionado por un sentido de auto-importancia, gentil, humilde, considerado» (BDAG 6132)—como se definió anteriormente. En otras palabras, crear no es «gran cosa» para nuestro manso Dios.

Hacedor de Pactos. Como hacedor de pactos, Dios es objetivo y reflexivo, no vengativo y autoritario. Por ejemplo, el pacto con Adán está implícito principalmente porque Dios crea a Adán y a Eva, les da un mandamiento (sean fecundos y multiplíquense), los establece en un jardín, y les impone solo una limitación—no podrían comer del árbol del conocimiento del bien y del mal. Cuando Adán y Eva desobedecieron el mandamiento de Dios, él no los reemplaza con otra pareja; sino que Dios los castiga (los maldice) y los envía fuera del jardín. Pero antes de que se fueran, como una madre preparando su hijo para el primero día de la escuela, «El SEÑOR Dios hizo vestiduras de piel para Adán y su mujer, y los vistió» (Gen 3:21). Si bien Dios estaba perfectamente en su derecho como hacedor de pactos para ser duro con Adán y Eva, de hecho, los trató con cuidado—otra indicación de mansedumbre.

Destructor. Como destructor, Dios envía un diluvio para aniquilar a la humanidad y a todos los seres vivos—casi. El autor de Génesis registra la motivación de Dios como sigue:

> El SEÑOR vio que era mucha la maldad de los hombres en la tierra, y que toda intención de los pensamientos de su corazón era sólo hacer siempre el mal. Y al SEÑOR le pesó haber hecho al hombre en la tierra, y sintió tristeza en su corazón. Entonces el SEÑOR dijo: Borraré de la superficie de la tierra al hombre que he creado, desde el hombre hasta el ganado, los reptiles y las aves del cielo, porque me pesa haberlos hecho. Pero Noé halló gracia ante los ojos del SEÑOR. (Gen 6:5-8)

Las palabras clave aquí son: le pesó haber hecho al hombre en la tierra, y sintió tristeza en su corazón; Dios se conmueve por el arrepentimiento y el dolor por el pecado—no por la ira—para enviar el diluvio, que no es la imagen de un Dios colérico que algunos adelantan.

A pesar del diluvio, Dios tiene cuidado de salvar a Noé, su familia, y un par de cada uno de los animales.

El arca con Noé, su familia y los animales es un prototipo del remanente de Israel que fue liberado luego del exilio a Babilonia (Is 54:9). Elegir ejercer solo un subconjunto de sus derechos con el remanente—como un padre que ofrecer disciplina, no como un juez que impone unas sanciones legalmente—es otro ejemplo de un Dios manso.

Estos ejemplos de Dios como creador, como hacedor de pactos, y como destructor nos dan una imagen de un Dios quien no necesita aprender a ser manso porque ya era manso cuando creó los cielos y la tierra.

Los Libros de las Profetas

Las palabras, mansos y humildes, aparecen a través de los Libros de los Profetas donde Guelich (1982, 82) observó que: «poca o ninguna diferencia existe entre el pobre y el manso en los Salmos o en Isaías» (e.g. Is 61:1).[1] Esta observación tiene mucho sentido porque la Nación de Israel pasó gran parte de ese período como esclavos exiliados en Babilonia y con frecuencia se hacía referencia a la mansedumbre, como en:

> 1. Entonces un retoño brotará del tronco de Isaí, Y un vástago dará fruto de sus raíces. Y reposará sobre el Espíritu del SEÑOR, espíritu de sabiduría y de inteligencia, espíritu de consejo y de poder,

espíritu de conocimiento y de temor del SEÑOR. El se deleitará en el temor del SEÑOR, y no juzgará por lo que vean sus ojos, ni sentenciará por lo que oigan sus oídos; Sino que juzgará al pobre con justicia, y fallará con equidad por los afligidos de la tierra. Herirá la tierra con la vara de su boca, y con el soplo de sus labios matará al impío. La justicia será ceñidor de sus lomos, y la fidelidad ceñidor de su cintura. (Is 11:1–5)

2. Dirige a los humildes en la justicia, y enseña a los humildes su camino. (Sal 25:9)

3. Pero los humildes poseerán la tierra y se deleitarán en abundante prosperidad. (Sal 37:11)

4. ¡Regocíjate sobremanera, hija de Sion! ¡Da voces de júbilo, hija de Jerusalén! Tu rey viene a ti, justo y dotado de salvación, humilde, montado en un asno, en un pollino, hijo de asna. (Zac 9:9)

La representación de mansedumbre en estos pasajes mesiánicos sugiere que los profetas consideraban la mansedumbre como un atributo divino.

Cumplimiento de la Ley y los Profetas

La mansedumbre que aparece en el Antiguo Testamento es tanto un atributo característico de Dios—parte de su transcendencia—como una especie de solidaridad entre Dios y su pueblo. Elliot (2006, 123) nota que «el Dios de Israel fue emocionalmente estable;»[2] la mansedumbre de Dios caracteriza esta estabilidad, que ha llevado a los teólogos a acuñar el término, inmutabilidad, lo que significa el carácter de Dios no cambia (Mal 3:6; Horton 2011, 235). Por lo tanto, cuando Jesús se describe a sí mismo como gentil o manso (Mt 11:29), una audiencia judía podría escuchar con razón estas palabras como una afirmación mesiánica.

Considere lo contrario—¿qué pasa si el carácter de Dios evolucionó y no es inmutable? ¿Qué pasa si Dios cambie de opinión y no nos dijo nada? En un mundo tan cambiante, las promesas de la Biblia podrían también cambiar en cualquier minuto—¿qué parte de la Biblia sigue siendo cierta? ¿Qué pasaría si la expiación de Cristo ya no fuera suficiente? La posibilidad que el carácter de Dios pueda cambiar es desconcertante.

La mansedumbre de Dios es solo un aspecto de su inmutable carácter. La verdad es otro rasgo de carácter estrechamente relacionado (Ex 34:6). El carácter inmutable de Dios implica que solo existe una verdad objetiva. Jesús dijo: «Yo soy el camino, la verdad y la vida; nadie viene al padre sino por mí» (Jn 14:6). La implicación es que el carácter inmutable de Dios ancla la estabilidad en reinos físicos y espirituales proporcionando credibilidad a la autoridad de las escrituras.

Oímos la mansedumbre como típico del carácter inmutable de Dios que proporciona una base para nuestra fe. Para nosotros, la mansedumbre es un fruto del espíritu, pero, para Dios, es simplemente quién él es.

∞

Asombroso Señor,

Creador de todo lo que es, fue, y siempre será. Tú eres glorioso y amoroso, humilde y santo. Enséñame a ser como tú—a amar tus leyes como Moisés; amar tu gracia como Cristo; confiar en tu compasión, mansedumbre, y fortaleza. Úsame para construir sobre la obra de Cristo—para consolar a los afligidos, para ayudar a los pobres, para ofrecer gentileza y hospitalidad, y para sufrir por el bien de su nombre. Concédeme la fortaleza para aprender y el deseo para aplicar mis lecciones. Dame ojos que vean, oídos que escuchen y manos que estén abiertas. En el poder de tu Espíritu Santo y en el nombre de Jesús, Amén.

∞

Preguntas
1. ¿Qué es aprender? ¿Aprende Dios?
2. ¿Sugieren los Libros de la Ley que Dios es manso? ¿Como lo sabemos?
3. ¿Es Dios emocionalmente estable? ¿Qué pruebas tene-

mos?
4. ¿Qué emoción muestra Dios en Génesis 6? ¿Se lo esperaba?
5. ¿Cuál es la naturaleza de la ira de Dios?
6. ¿Cuál es la diferencia entre pobre y manso en los Libros de los Profetas?
7. ¿Qué es la inmutabilidad?

Notas

1 Guelich (1982, 82) observed that: "there is little or no difference between the poor and the meek in the Psalms or Isaiah" (e.g. Is 61:1).

2 Elliot (2006, 123) notes that "Israel's God was emotionally stable."

3.3: Manso es el Gen Pastoral

Tomen mi yugo sobre ustedes y aprendan de mí, que yo soy manso y humilde de corazón, y hallaran descanso para sus almas.

(Mt 11:29)

La mansedumbre es una característica pastoral, como Charles Colson (2005, 30) escribe: «La libertad radica en la obediencia a nuestra llamado.»[1] Sabemos esto no solo por las palabras de Jesús, sino también de sus discípulos y los que le siguieron. Por ejemplo, Jesús dice: Y cualquiera que como discípulo dé a beber, aunque sólo sea un vaso de agua fría a uno de estos pequeños, en verdad les digo que no perderá su recompensa. (Mt 10:42) Aquí está animando a sus discípulos a mostrar humildad vivida (o mansedumbre) delante no de niños (estos pequeños), sino a los jóvenes creyentes (o buscadores). La palabra para discípulo aquí significa—«alguien que se dedica a aprender a través de instrucción de otro, alumno, aprendiz» (BDAG, 4662)[2]—y los discípulos de Jesús fueron instruidos a enseñar a los jóvenes creyentes con una actitud de gentileza y servicio, modelando mansedumbre en lo que decían e hacían.

El Apóstol Pablo parafrasea el mandamiento de

Jesús, enseñando que la mansedumbre (o gentileza) es un requisito explícito para los líderes de la iglesia, como cuando escribe:

> El siervo del Señor no debe ser rencilloso, sino amable para con todos, apto para enseñar, sufrido. Debe reprender tiernamente a los que se oponen, por si acaso Dios les da el arrepentimiento que conduce al pleno conocimiento de la verdad, y volviendo en sí, escapen del lazo del diablo, habiendo estado cautivos de él para hacer su voluntad. (2 Tim 2:24–26)

La gentileza (o mansedumbre) aparece también en muchas de las listas de Pablo sobre los frutos del espíritu (e.g. Gal 5:19–23; Col 3:12–14) y en los escritos de Santiago y Pedro (Sant 3:13; 1 Pe 3:15).

Interesantemente, la mansedumbre está envuelta en una de las más famosa imágenes de Cristo: «Yo soy el buen pastor; el buen pastor da su vida por las ovejas» (Jn 10:11). La imagen del Buen Pastor es, de hecho, una imagen mesiánica profetizada por Isaías en uno de sus pasajes de La imagen del Buen Pastor es, de hecho, una imagen mesiánica profetizada por Isaías en uno de sus pasajes de Canciones del que Sirve: Como pastor apacentará Su rebaño, en su brazo recogerá los corderos, y en su seno los llevará; guiará con cuidado a las recién paridas. (Is 40:11) El Apóstol Juan empuja la metáfora del pastor aún más lejos cuando escribe: Pues el Cordero que está en medio del trono los pastoreará y los guiará a manantiales de aguas de vida, y Dios enjugará toda lágrima de sus ojos. (Ap 7:17) Aquí el pastor mesiánico es también tanto un cordero como un rey, subraya que la mansedumbre es un atributo divino.

Igualmente, el pastor ancla el gran pasaje pastoral en el Evangelio de Juan donde el Cristo resucitado confronta y restaura a Pedro al liderazgo. «Cuando acabaron de desayunar, Jesús dijo a Simón Pedro: Simón, hijo de Juan, ¿me amas más que éstos? Sí, Señor, tú sabes que te quiero, le contestó Pedro. Jesús le dijo: apacienta mis corderos.» (Jn 21:15) Tres veces Jesús pregunta si Pedro lo amaba y con cada de las respuestas de Pedro le pide que Pablo a deje pescar (coger pescados con anzuelos y redes) y que continúe pastoreando (cuidando, defendiendo, y alimentando ovejas; Jn 21:15–18). Al igual que con Pedro, Jesús ordena a todos sus discípulos a cuidar su rebaño mostrando mansedumbre.

∞

Amado Buen Pastor,

Te alabamos por tu corazón lleno de enseñanzas y gentil espíritu. Te agradecemos por modelar el liderazgo en la mansedumbre y por tu paciencia con nosotros mientras aprendemos. Sana nuestros corazones, llena de humildad nuestros espíritus, abre nuestras manos para que podamos liderar con gentileza y hospitalidad. Concédenos mentes abiertas y un espíritu de enseñanza para que podamos guiar a los que nos rodean solo hacia ti. A través del poder de tu Espíritu Santo, ahora y siempre, Amén.

∞

Preguntas
1. ¿Son los pastores normal y naturalmente mansos? ¿Por qué o por qué no?
2. ¿Qué quiere decir Mateo con el término: «los pequeños»?
3. ¿Qué características busca el apóstol Pablo en los líderes de la iglesia?
4. ¿Qué dicen Pedro y Santiago sobre la mansedumbre?
5. ¿Por qué un pastor es manso?

Notas

1 Charles Colson (2005, 30) writes: "Freedom lies in obedience to our calling."

2 The Greek word for disciple here means—"one who engages in learning through instruction from another, pupil, apprentice" (BDAG, 4662)

3.4: Lidere desde de la Mansedumbre

Pues el Cordero que está en medio del trono los pastoreará y los guiará a manantiales de aguas de vida, y Dios enjugará toda lágrima de sus ojos.
(Ap 7:17)

La mansedumbre marca un líder natural, pocos aspiran a ser mansos, como Nouwen (1989, 82) observa: El liderazgo cristiano . . . no es un liderazgo de poder y control, sino un liderazgo de impotencia y humildad en el que se manifiesta el siervo suficiente de Dios, Jesucristo.[1] Al igual como quien lo envió, el líder cristiano ideal es manso, pero la mansedumbre también crea tensión dentro nosotros, entre nosotros, y con Dios, a lo que nos dirigiremos ahora.

Tensión entre Nosotros

Para los líderes de la iglesia, el apóstol Pablo aconseja a los ancianos y diáconos que busquen frutos del espíritu como «la justicia, la piedad, la fe, el amor, la perseverancia y la amabilidad» (1 Tim 6:11), donde gentil es un buen sinónimo de manso. Sin embargo, al perseguir frutos como la mansedumbre, el éxito no es fácil de obtener. Incluso Pablo señala la tensión interna:

Porque yo sé que, en mí, es decir, en mi carne, no habita nada bueno. Porque el querer está

> presente en mí, pero el hacer el bien, no. Pues no hago el bien que deseo, sino el mal que no quiero, eso practico. (Rom 7:18–19)

Como con cualquier fruto del espíritu, el progreso en la obtención de la mansedumbre requiere la intervención del Espíritu Santo.

Tensión con los Demás

«¿No es mansedumbre un atributo personal?» un amigo recientemente inquiría. «¿Cómo puedes ser manso cuando eres responsable de otras personas?» Una respuesta es que modelar mansedumbre crea espacio en nuestras vidas para otras personas, lo cual es fundamental para el liderazgo como siervo.

Durante su tiempo de prisión, por ejemplo, Bonhoeffer continuó funcionando como un pastor ofreciendo consuelo a otros reclusos, incluso a los guardias de prisión. Cuando se le ofreció una oportunidad de escapar del encarcelamiento, Bonhoeffer se negó a irse por que escapando pondría su familia fuera de la prisión y su ministerio dentro de la prisión en peligro (Metaxas 2010, 448).

El liderazgo sacrificial puede ser arriesgado, doloroso y, sin embargo, poco apreciado, como el apóstol

Pablo escribe:

> Pero tenemos este tesoro en vasos de barro, para que la extraordinaria grandeza del poder sea de Dios y no de nosotros. Afligidos en todo, pero no agobiados; perplejos, pero no desesperados; perseguidos, pero no abandonados; derribados, pero no destruidos. Llevamos siempre en el cuerpo por todas partes la muerte de Jesús, para que también la vida de Jesús se manifieste en nuestro cuerpo. (2 Cor 4:7–10)

Es posible que sea necesario desarrollar varios niveles de mansedumbre.

Tensión con Dios

El liderazgo sacrificial puede también conducir a la cruz. En un momento de debilidad y desesperación debido a la cruz Jesús gritó: «Dios mío, Dios mío, ¿Por que me has abandonado?» (Mc 15:34) Estas palabras están tomadas de Salmo 22:1 que luego termina en alabanza: «Los que temen al SEÑOR, alábenlo.» (Sal 22:23) Vaciados de nuestra desesperación, podemos volver otra vez a Dios en alabanza.

Podemos liderar con mansedumbre, incluso en medio de sufrimiento, en parte, por que la historia no termina en sufrimiento. Al igual que la cruz de Cristo se seguido por la resurrección de Cristo, cuando compartimos en su sufrimiento sabemos que también compartiremos en su victoria (2 Cor 1.5).

Como el apóstol Pablo escribe: «¿Donde esta, oh muerte, tu victoria? ¿Donde, oh sepulcro, tu aguijón?» (1 Cor 15:55) Debido a que nuestro futuro está en Cristo, hoy podemos abrazar la mansedumbre de Cristo.

∞

Padre todopoderoso,

Damos gracias por el don de la fe y el llamado hasta el ministerio que llega a nuestras familias, amigos, y más allá. Protege nuestros corazones en tiempos de debilidad, dificultad, y tentaciones. Mantén nuestra mente aguda para que podamos ofrecerte nuestras alabanzas con claridad, coherencia y dedicación, no manchados por vanos deseos, confusión cultural o idolatrías sutiles. Concédenos un espíritu de mansedumbre, un espíritu de humildad profundamente arraigado en nuestro carácter, no atenido a la ligera, desgastado superficialmente o eclipsado por pecados preciados. Coloca en nosotros corazones ansiosos por perseguir la justicia, la piedad, la fe, el amor, la firmeza, y la gentileza. Danos la seguridad de tu providencia para que podamos ofrecer hospitalidad sacrificada a quienes nos rodean. Ante del sufrimiento, haz tu Espíritu Santo especialmente visible para que no fracasemos en nuestro ministerio debido a tentaciones a ser relevante, poderoso, o espectacular en los ojos a quienes están bajo nuestro cuidado. En el poderoso nombre de Jesucristo, tu Hijo, y nuestro Salvador, Amén.

∞

Preguntas
1. ¿Por qué la mansedumbre es un rasgo de los líderes naturales?
2. ¿Cómo contribuye el liderazgo sacrificial a la tensión dentro de nosotros mismos, con los demás y con Dios?
3. ¿El apóstol Pablo alcanza la santificación? ¿Cómo se relacionan el liderazgo sacrificial y la mansedumbre?
4. Nombra las tres tentaciones de Jesús. ¿Cómo las interpreta Henri Nouwen?

Notas
1 Nouwen (1989, 82) observes: "Christian leadership…is not leadership of power and control, but a leadership of powerlessness and humility in which the suffering servant of God, Jesus Christ, is made manifest."

PARTE B: TENSIÓN CON DIOS

*E*n la cuarta, quinta y sexta bienaventuranzas nos movemos de la tensión dentro nosotros a la tensión con Dios. Jesús habla de la rectitud, misericordia, y pureza; aspectos de la santidad de Dios inalcanzables en la carne. Pecaminosos comparados con la santidad de Dios y finitos comparados con la naturaleza infinita de Dios, experimentamos tensión con Dios. Sin embargo, creados en la imagen de Dios (Gen 1:28) y redimidos por su hijo, Jesucristo, tenemos hambre por la rectitud de Dios (Flp 3:8–9)—una cosa preciosa en un mundo caído.

Al escribir sobre lo que él llama «el viaje ascendente,» Nouwen (1975) nos describe como pasar de la ilusión a la oración. Como el hombre perdido y muriendo de sed en el desierto persigue una ilusión de agua, nuestro yo idólatra persigue las ilusiones de divinidad ofrecidas por los ídolos de este mundo. El Espíritu Santo nos libera de estas ilusiones y nos permite acercarnos a Dios a través de Jesucristo, quien nos invita a abandonar nuestras ilusiones y entrar en relación con Dios en la oración.

Jesús honra a aquellos que sienten pasión por su relación con Dios, que ofrecen su misericordia a los demás y buscan ser santos, en las siguientes tres Bienaventuranzas.

4.0 HONRADOS LOS QUE TIENEN HAMBRE Y SED

4.1: Busca el Reino de Dios Apasionadamente

4.2: Hambre y Sed por Dios

4.3: Necios por Cristo

4.4: En Cristo se Restaura la Integridad

4.1: Busca el Reino de Dios Apasionadamente

Honrados los que tienen hambre y sed de justicia,
pues ellos serán saciados. (Mt 5:6)

La cuarta bienaventurada aprovecha profundas necesidades físicas y espirituales expresadas en las palabras: «Hambre y sed de justicia.» Hambre significa «sentir las punzadas de falta de alimentos, hambre, estar hambriento» como «desear algo—fuerte hambre para algo» mientras que sed significa «un deseo de líquido, tener sed, sufrir de sed» como «tener un fuerte deseo de alcanzar alguna meta, es decir, añorar algo» (BDAG 2051).[1] La justicia significa «la calidad o estado de corrección jurídica con enfoque de acción redentora, justicia» (BDAG 2004.2)[2] para que tengamos hambre y sed en un mundo pecaminoso.

El tema del hambre y sed—profunda necesidad y abundante provisión—se encuentra en todo el evangelio de Juan. Jesús se revela a una pareja recién casada en peligro de ser estigmatizada por causa de su pobreza, careciendo de vino suficiente para cumplir con los estándares de hospitalidad de la comunidad. Nuestras insuficiencias se contrastan con la provisión súper abundante de Dios—de vino (Jn 2:1–11), pan (Jn 6:5–14), y pescado (Jn 21:3–13)—

que muestra la generosidad de Dios (Ef 3:20).

La generosidad de Dios se recuerda durante la Fiesta de los Tabernáculos (Jn 7:2) que conmemora los vagabundeos de Israel por el desierto después de salir Egipto (Lev 23:34–43), cuando Jesús dice: «Jesús les dijo: Yo soy el pan de la vida; el que viene a mí no tendrá hambre, y el que cree en mí nunca tendrá sed.» (Jn 6:35) El pan aquí se refiere al maná y el agua se refiere al milagroso don de agua de Dios en Meribá (Ex 17:1–17). Recordando a los adoradores en el templo de Dios, Jesús se levantó y gritó: «Si alguien tiene sed, que venga a mí y beba. El que cree en mí, como ha dicho la escritura: De lo más profundo de su ser brotarán ríos de agua viva.» (Jn 7:37–39) El simbolismo del agua y el pan ambos apuntan a la provisión abundante y eterna de Dios que conmemoramos en los sacramentos del bautismo y comunión.

En términos más generales, «hambre y sed de justicia» hablan de sufrimiento, donde las necesidades humanas básicas se retienen o permanecen ausentes, como en las canciones de lamento en el Libro de Salmos. Allí leamos: «Dios mío, Dios mío, ¿por qué me has abandonado?» (Sal 22:1) y «¿Hasta cuándo, SEÑOR? ¿Te esconderás para siempre?» (Sal 89:46) Es irónico que Dios se revele más claramente en los desiertos de la vida (Ex 7:16; Card 2005, 16).

El ateísmo moderno se alimenta de esta corriente dolorosa. Los ateos modernos cuestionan la provisión y la bondad de Dios. Argumentan que, si Dios es todopoderoso y todo bueno, entonces la existencia del sufrimiento y el mal sugiere que Dios no es todopoderoso o no es bueno o no es ambos—no existe. En contraste, Jesús testifica que aquellos quienes buscan justicia apasionadamente estarán satisfechos.

La palabra griega aquí para satisfacer significa «experimentar satisfacción interna en algo o ser satisfecho» (BDAG 7954).[3] Lejos de abandonarnos, en la vida Jesús sufrió junto a nosotros, en la cruz pagó nuestra pena por el pecado, y en la resurrección se convirtió en nuestro fiador. «Mientras algunos continúan argumentando que Auschwitz refuta la existencia de Dios, muchos más argumentarán que demuestra las profundidades a las que la humanidad, sin restricciones por ningún pensamiento o temor de Dios, se hundirá.» (McGrath 2004, 184)[4]

En nuestros desiertos de sufrimiento y necesidad,

Jesús nos da permiso para orar por las necesidades más simples de la vida. Él dice: «Danos hoy el pan nuestro de cada día» (Mt 6:11), que demuestra la preocupación de Dios por nosotros igual como cuando Dios vistió a Adán y Eva, incluso cuando los expulsó del Jardín del Edén (Gen 3:21). Incluso en el juicio el ojo de Dios esta sobre el cuidado de su pueblo: Los justos se separan de los malos por su actitud y cuidado por aquellos en necesidad (Mt 25:31–46).

Brueggemann (2009, 31) contrasta la economía de YHWH con la economía del Faraón, proveyendo información sobre los Diez Mandamientos. En la economía de YHWH, aquellos que guardan el sábado no necesitan deshonrar a la madre y al padre, matar, cometer adulterio, robar, dar falso testimonio o codiciar. En otras palabras, hacer cosas detestables por dinero. En la carrera interminable para perseguir la riqueza, la economía del faraón, somos empujados individual y colectivamente a diario a descuidar o romper estos mandamientos.

Nuestras necesidades serán satisfechas y las expectativas superadas, se nos recuerda en la Cuarta Bienaventuranza y más tarde en el Sermón del Monte, cuando Jesús dice:

> Por tanto, no se preocupen, diciendo: ¿Qué comeremos?' o ¿qué beberemos? o ¿con qué nos vestiremos? Porque los gentiles (los paganos) buscan ansiosamente todas estas cosas; que el Padre celestial sabe que ustedes necesitan todas estas cosas. Pero busquen primero su reino y su justicia, y todas estas cosas les serán añadidas. (Mt 6:31–33)

Escuche la frase—«busquen primero su reino y su justicia»—¿escuchas el eco del primer mandamiento? (Ex 20:3) La justicia de Dios en la tierra está incrustada incluso en la invitación a compartir la paz de Dios.

∞

Precioso Señor,

En nuestra finitud, nuestro pecado, nuestro quebrantamiento, anhelamos tu rectitud, oh Dios. Mientras los hambrientos se aferran al pan y los sedientos claman por el agua, buscamos tu justicia donde nadie más puede hacerlo y no se puede encontrar otro. Tus Sagradas Escrituras nos recuerdan que tu estás siempre cerca, siempre vigilante y siempre compasivo. A través del desierto de nuestras emociones y en la sequía de nuestras mentes, ata nuestras heridas, alivia nuestros dolores, y perdona nuestros pecados. A través del poder de tu Espíritu Santo, haz crecer nuestra fe incluso cuando nuestra fuerza nos falla. En el precioso nombre de Jesús, Amén.

∞

Preguntas
1. ¿Para qué es lo que más tiene hambre y sed y por qué?
2. ¿Por qué es la rectitud tan elusiva?
3. ¿Qué conmemora el Festival de los Tabernáculos?
4. ¿Cuál es la marca registrada de Dios?
5. ¿Qué hay en el corazón del sufrimiento?

Notas

1 Hunger means both "to feel the pangs of lack of food, hunger, be hungry" and to "desire something—strongly, hunger for something" while thirst means both "to have a desire for liquid, be thirsty, suffer from thirst" and "to have a strong desire to attain some goal, thirst, i.e. long for something" (BDAG 2051).

2 Righteousness means the "quality or state of juridical correctness with focus on redemptive action, righteousness" (BDAG 2004.2).

3 The Greek word here for satisfy means "to experience inward satisfaction in something or be satisfied" (BDAG 7954).

4 "While some continue to argue that Auschwitz disproves the existence of God, many more would argue that it demonstrates the depths to which humanity, unrestrained by any thought or fear of God, will sink." (McGrath 2004, 184)

4.2: *Hambre y Sed por Dios*

> *Como el ciervo anhela las corrientes de agua,*
> *Así suspira por Ti, oh Dios,*
> *el alma mía. Mi alma tiene sed de Dios, del Dios viviente;*
> *¿Cuándo vendré y me presentaré delante de Dios?*
> *Mis lágrimas han sido mi alimento de día y de noche,*
> *Mientras me dicen todo el día:*
> *¿Dónde está tu Dios?* (Sal 42:1–3)

La gran ironía de la fe es que nos acercamos a Dios en medio de nuestra pobreza, no de nuestra riqueza. La riqueza de Babilonia y Egipto fluyeron de su abundancia de agua y sistemas de riego, mientras que la pobreza de Israel sopló con las tormentas de polvo de sus desiertos. Sin embargo, Egipto y Babilonia se conocieron por su idolatría y pecado, mientras que Israel se conoció por su ley y profetas (Card 2005, 16). ¿Qué dicen los Libros de la Ley y los Profetas acerca de satisfacer el hambre y la sed de justicia?

Los Libros de la Ley

El hambre y la sed no eran parte del plan original de Dios, lo sabemos porque los alimentos y el agua eran abundantes en el Jardín del Edén, según leemos:

> Y el SEÑOR Dios plantó un huerto hacia el oriente, en Edén, y puso allí al hombre que había formado. El SEÑOR Dios hizo brotar de la tierra todo árbol agradable a la vista

> y bueno para comer. Asimismo, en medio del huerto, hizo brotar el árbol de la vida y el árbol del conocimiento (de la ciencia) del bien y del mal. Del Edén salía un río para regar el huerto, y de allí se dividía y se convertía en otros cuatro ríos. (Gen 2:8–10)

En el Jardín de Edén, Adán y Eva vivieron en comunión directa con Dios y la rectitud fue un fruto de esa comunión, que se rompió cuando Adán y Eva pecaron (Gen 3:23). Cuando lloramos nuestro pecado y la pérdida de nuestra comunión con Dios, tenemos el hambre y la sed de la rectitud, que es una metáfora por las bendiciones y el fruto tangible de esa comunión.

La restauración de esta comunión era una meta del pacto mosaico, como se sugiere en Deuteronomio:

> Y sucederá que, si obedecen mis mandamientos que les ordeno hoy, de amar al SEÑOR su Dios y de servirle con todo su corazón y con toda su alma, El dará a la tierra de ustedes la lluvia a su tiempo, lluvia temprana (de otoño) y lluvia tardía (de primavera), para que recojas tu grano, tu vino nuevo y tu aceite. Y El dará hierba en tus campos para tu ganado, y comerás y te saciarás. (Dt 11:13–15)

Obedecer los mandamientos implica amar y servir a Dios, quien responderá enviando la lluvia en su temporada que es conducente un cosecho completo y una vida abundante para ti y a tuyos.

Por el contrario, el servicio renuente a Dios resultará en servidumbre, hambre, sed y privación:

> Por cuanto no serviste al SEÑOR tu Dios con alegría y con gozo de corazón, cuando tenías la abundancia de todas las cosas, por tanto, servirás a tus enemigos, los cuales el SEÑOR enviará contra ti: en hambre, en sed, en desnudez y en escasez de todas las cosas. El pondrá yugo de hierro sobre tu cuello hasta que te haya destruido. El SEÑOR levantará contra ti una nación de lejos, desde el extremo de la tierra, que descenderá veloz como águila, una nación cuya lengua no entenderás. (Dt 28:47–49)

La destrucción se deriva de la desobediencia: según la ley, uno literalmente cosecha lo que siembra con respecto a la relación con Dios. De hecho, el juicio de Dios se deriva de tener hambre y sed de cosas meramente físicas, incluso cosas como la ley (Ex 17:3).

De hecho, esta es la base de la maldición por no aceptar el pacto nuevo en Cristo. Pablo escribe: «Y así como ellos no tuvieron a bien reconocer a Dios, Dios los entregó a una mente depravada, para que hicieran las cosas que no convienen.» (Rom 1:28) Ser entregado a nuestras propias pasiones es una maldición y conduce a la autodestrucción porque el pecado corrompe tanto la mente como el corazón.

Los Libros de los Profetas

En la Ley, se cosecha lo que se siembra; en los Profetas, los sabios son astuto y los necios son ignorante de las maneras del mundo, como leemos:

> Si tu enemigo tiene hambre, dale de comer pan, Y si tiene sed, dale a beber agua; Porque así amontonarás brasas sobre su cabeza, Y el SEÑOR te recompensará. (Prov 25:21–22)

Esta recompensa se sigue por respetar la sabiduría mundana, porque Dios creó tanto el cielo como la tierra—todo conocimiento es el conocimiento de Dios (Prov 1:7; 2 Par 1:10–13). Entonces, los sabios dejan la puerta abierta para que los enemigos se hagan amigos al tratar sus enemigos humanamente, alimentarlos, y ofrecerlos bebidas, como Jesús enseña (Mt 5:44–45).

Comer y beber encuentran usos metafóricos en los Profetas, mientras leemos: «Entonces les daré pastores según Mi corazón, que los apacienten con conocimiento y con inteligencia.» (Jer 3:15) Jesús mismo es el buen pastor (Jn 10:11–16), pero esta hambre se alivia metafóricamente a través de «conocimiento y comprensión» en lugar de a través de consumo físico. Igualmente, mero consumo no es el punto cuando Isaías alude a la agua abundante y alimento—está evocando la imagina de un regreso a Edén:

> Todos los sedientos, vengan a las aguas; Y los que no tengan dinero, vengan, compren y coman. Vengan, compren vino y leche sin dinero y sin costo alguno. ¿Por qué gastan dinero en lo que no es pan, Y su salario en lo que no sacia? Escúchenme atentamente, y coman lo que es bueno, Y se deleitará su alma en la abundancia. (Is 55:1–2)

Isaías ofrece agua y alimento espiritual, al igual que su contraparte física en el Edén, se proporcionaron abundantemente. Él infiere (como lo hace la Cuarta Bienaventuranza) que al tener hambre y sed de rectitud, Dios sonreirá ante nuestros esfuerzos y el cielo no estará muy lejos (Ap 22:17).

∞

Buen Pastor,

Te alabamos por los dones de Edén—tierra fértil, agua and alimentos, y la seguridad de tu presencia. Mantén nuestras manos ocupadas; guarda nuestras mentes; y danos corazones que solo anhelen por ti. Perdónanos por que no ser aptos para el Edén; que no estamos satisfechos por tus dones; que no hemos valorado tu presencia; que nuestras manos han estado inactivas, nuestras mentes puestas en cosas fiscales, y nuestros corazones fácilmente tentados por cosas groseras. Restáuranos—haznos aptos custodios de tu jardín. Que nuestros corazones anhelen tu presencia y nuestras mentes tengan hambre y sed por tu rectitud, para que todos los días de nuestras vidas nuestras manos te alaben con buenas obras. A través del poder del Espíritu Santo y en el nombre de Jesús, Amén.

∞

Preguntas
1. ¿Qué tiene de irónico el desierto en relación con la fe?
2. ¿Tuvieron Adán y Eva hambre y sed en el Jardín del Edén?
3. ¿Cuáles son algunas de las bendiciones y maldiciones del pacto de Moisés?
4. ¿En qué se diferencian los libros de los profetas de los libros de la ley con respecto al hambre y la sed de Dios?
5. ¿Qué clase de liderazgo y bendiciones promete Isaías?

4.3: Necios por Cristo

> *Nosotros somos necios por amor de Cristo,*
> *pero ustedes, prudentes en Cristo.*
> *Nosotros somos débiles, pero ustedes, fuertes.*
> *Ustedes son distinguidos, pero nosotros, sin honra.*
> *Hasta el momento presente pasamos hambre y sed,*
> *andamos mal vestidos,*
> *somos maltratados y no tenemos dónde vivir.*
> *(1 Cor 4:10–11)*

¿Con qué propósito estás dispuesto a sufrir? ¿Cuál es tu pasión? (Mt 6:21)

La pasión del apóstol Pablo era el evangélico y vivió la vida de un evangelista itinerante. Pablo nunca se casó ni tuvo hijos y, a pesar de ser altamente educado, abandonó una vida sacerdotal o académica. Cuando Pablo se describió a si mismo como un tonto para Cristo (2 Cor 12:10–11), sus padres judíos probablemente estuvieron de acuerdo.

Imagínese asistir a su trigésima reunión doctoral y levantarse para dirigirse a sus compañeros graduados, diciendo:

> ¿Son servidores de Cristo? (Hablo como si hubiera perdido el juicio) yo más. En muchos más trabajos, en muchas más cárceles, en azotes un sinnúmero de veces,

> con frecuencia en peligros de muerte. Cinco veces he recibido de los judíos treinta y nueve azotes. Tres veces he sido golpeado con varas, una vez fui apedreado, tres veces naufragué, y he pasado una noche y un día en lo profundo. Con frecuencia en viajes, en peligros de ríos, peligros de salteadores, peligros de mis compatriotas, peligros de los Gentiles, peligros en la ciudad, peligros en el desierto, peligros en el mar, peligros entre falsos hermanos; en trabajos y fatigas, en muchas noches de desvelo, en hambre y sed, con frecuencia sin comida, en frío y desnudez. Además de tales cosas externas, está sobre mí la presión cotidiana de la preocupación por todas las iglesias. (2 Cor 11:23–28)

Los compañeros de clases de Pablos son más probables de hubiesen sido líderes de sinagogas, sumos sacerdotes, funcionarios del gobierno, y profesores del colegio. A diferencia de muchos de ellos, Pablo tuvo hambre y sed de rectitud, trató su sufrimiento como un currículo, y rechazó un salario por a mantener la integridad de su mensaje evangélico (1 Cor 9:42; 2 Cor 11:7). Al igual que el que lo envió, Pablo trabajo para vivir la vida con rectitud.

Sin duda, la vida de integridad de Pablo también lo puso en tensión con Dios. Por ejemplo, la respuesta de Dios sobre su oración con respecto a su espina en la carne—«Te basta mi gracia, pues mi poder se perfecciona en la debilidad.» (2 Cor 12:9)—causó mucha angustia a Pablo antes de desarrollar la serenidad para jactarse sobre la lección objetiva de Dios.

Otra lección objetiva es la Eucaristía, que nos recuerda a Cristo al enfocarnos en objetos de hambre (pan) y sed (agua/vino), muy parecidos a varios milagros de Jesús. El primer milagro de Jesús fue convertir el agua en vino (Jn 2:1–10), mientras otros consistieron en multiplicar el pan y el pescado (Jn 4:32, 6:11). La transformación de cosas simples como comida y agua en objetos sagrados debe haber dejado perplejos a todos los griegos que no respetan el mundo físico (la tierra), pero respetan el mundo espiritual (el cielo).

Los sacramentos y los milagros de Jesús apuntan a una realidad espiritual que es simple pero importante: «No solo de pan vivirá el hombre.» (Lc 4:4; Dt 8:3) Así como un sacramento es un signo externo con un significado interno, las cosas físicas y las circunstancias ambas tienen significados externos e internos asociados con ellos, lo que, por ejemplo, lleva a Pablo a describir el cuerpo como un templo de Dios (1 Cor 6:19). Si el cuerpo físico puede convertirse en un templo de Dios y mero alimentos y bebidas pueden ser sacramentos, entonces los alimentos y las bebidas se encuentran en una frontera importante entre el reino físico y el espiritual donde las transformaciones espirituales pueden tener lugar y el amor de Dios pueden expresarse como cuidado para el pobre y hambriento.

Por ejemplo, Dios se identifica directamente con los pobres y hambrientos en el juicio final, mientras leemos: Entonces los justos le responderán, diciendo: Señor, ¿cuándo te vimos hambriento y te dimos de comer, o sediento y te dimos de beber? (Mt 25:37) Aquí, la actitud y las acciones con respeto a los pobres y hambrientos identifican directamente los seguidores de Cristo, siguiendo el modelo de la caridad de Cristo mismo: «También me dijo: Hecho está. Yo soy el Alfa y la Omega, el Principio y el Fin. Al que tiene sed, yo le daré gratuitamente de la fuente del agua de la vida.» (Ap 21:6) Si Jesús practica caridad, entonces deberíamos también nosotros porque nuestra obligación caritativa depende, no del buen comportamiento de los receptores, sino de nuestra propia identidad en Cristo:

> Pero si tu enemigo tiene hambre, dale de comer; y si tiene sed, dale de beber, porque haciendo esto carbones encendidos amontonaras sobre su cabeza. No seas vencido por el mal, sino vence el mal con el

bien. (Rom 12:20–21)

Nuestra identidad en Cristo nos lleva, no a juzgar a los pecadores, sino a ayudar a los necesitados, mientras leemos: «Porque Dios no envió a su hijo al mundo para juzgar al mundo, sino para que el mundo sea salvo por el.» (Jn 3:17) Al vivir en una nación rica, nuestra obligación caritativa, que cubre las necesidades físicas de los menos afortunados, es mayor que la mayoría.

Si el primer pecado de la Biblia fue codiciar un árbol de fruta (Gen 6), entonces la marca de un discípulo es modelar la provisión abundante de Cristo (Ap 21:6) y vencer la tentación de pecar.

∞

Padre Todopoderoso,

Eres el Alfa y el Omega, el principio y el fin, el que está fuera del tiempo y el que creó todas las cosas. Te alabamos por proporcionar el pan de vida y el manantial de la vida eterna el cual es tu hijo, Jesucristo—nuestro redentor, el autor de nuestra fe, y nuestro único verdadero amigo. Te agradecemos por las cosas simples, como familia, pan para comer, agua limpia para beber, trabajo para hacer, y amigos en Cristo. A través de poder de tu Espíritu Santo, ayúdanos a compartir nuestros dones ambos físicos y espirituales con quienes nos rodean—primero nuestra familia, luego nuestros amigos e incluso aquellos que no conocemos bien para que tu nombre sea alabado entre las naciones. Perdónanos cuando jugamos al necio por orgullo, no por ti, sino por nuestra propia ignorancia. Humíllanos para que nos convirtamos en sirvientes dignos de tu iglesia y no de nosotros mismos. Ayúdanos a encontrar nuestra identidad en ti—no en nuestros amigos, ni en nuestras riquezas, ni en nuestros logros, sino en ti—de modo que, si jugamos al necio, sea para ti y solo para ti.

En el precioso nombre de Jesús, Amén.

∞

Preguntas
1. ¿Para qué estás dispuesto a sufrir?
2. ¿Qué tenía de especial el resume del apóstol Pablo?
3. ¿Cuál era la fuente de la tensión de Pablo con Dios?
4. Si Dios se identifica con los pobres y hambrientos, ¿qué nos dice eso como cristianos?

4.4: En Cristo se Restaura la Integridad

*Dios creó al hombre a imagen suya,
a imagen de Dios lo creó; varón y hembra los creó.*
(Gen 1:27)

Nuestra tensión con Dios, nuestra hambre y sed de rectitud, surge de nuestra imperfección y separación. Llevamos incompletamente la imagen de Dios en la era actual, separados por nuestra falta de santidad y finitud de nuestro creador santo y eterno. Mientras somos criaturas en la creación de Dios, somos también jardineros expulsados del jardín por nuestro pecado. Incluso en nuestro pecado, anhelamos ser santos; Incluso en nuestra separación, queremos reunirnos.

Entonces, en nuestros anhelos y esfuerzos, tenemos recordatorios:

> Recordatorios como la privación física: un estomago vacío tiene hambre; una boca seca tiene sed; un individuo separado está solo.
>
> Recordatorios como nuestros límites: sueños olvidados; promesas incumplidas; potencial no realizado.
>
> Recordatorios como déficits espirituales: los tiempos cuando no alcanzamos la meta; los límites que transgredimos; las cosas que descuidamos.

Entonces, por nuestros pecados, transgresiones, y negligencias, somos arrojados del jardín:

> Fuera del jardín, nuestra energía falla; nuestros corazones y mentes se sienten vacíos; y el dolor es nuestro único compañero.
>
> Fuera del jardín, nuestros límites se reducen; nuestra causa parece pérdida; y nuestro destino esta más allá de nuestro alcance.
>
> Fuera del jardín, sentimos vergüenza, culpa, y pena; escuchamos ira, rechazo y acusación; nos vemos a nosotros mismos como incompletos, pecaminosos, y no deseados.

A pesar de nuestras debilidades, límites, y emociones, Jesús nos ofrece un camino de regreso a la integridad.

> Regreso a la restauración y la sanidad.
>
> Regreso al jardín y nuestro destino.
>
> Regreso a nuestra integridad y santidad y compañerismo con nuestro hacedor.

Jesús dijo: «Honrados los que tienen hambre y sed de justicia, pues ellos serán saciados.» (Mt 5:6)

∞

Dios creador,

Te alabamos por crearnos a tu imagen, completo en nosotros mismos pero complementario con los demás.

Confesamos que hemos sido demasiado rápidos para pecar

y demasiado lentos para perdonar. Gracia por el regalo de tu hijo y nuestro salvador, Jesucristo. Perdónanos; restaurarnos; redímenos—enséñanos a imitarte para que cada día nos parezcamos más a ti. Que siempre tengamos hambre y sed de tú rectitud día a día. A través del poder de tu Espíritu Santo y en el nombre de Jesús, Amén.

∞

Preguntas
1. ¿Cómo estamos incompletos?
2. ¿Cómo estamos separados de Dios?
3. ¿Qué recordatorios tenemos de nuestra espiritual incompleta, nuestras limitaciones, y deficiencias espirituales?
4. ¿Cómo experimentamos nuestro destierro del Jardín del Edén?
5. ¿Cuáles son algunos atributos de la integridad?

5.0 HONRADOS LOS MISERICORDIOSOS

5.1: Muestra Misericordia, Recibe Misericordia

5.2: Los Valores Centrales de Dios

5.3: Misericordia como Camino a la Salvación

5.4: Jesús Modela la Ética de la Imagen

5.1: Muestra Misericordia, Recibe Misericordia

Honrados son los misericordiosos,
pues ellos recibirán misericordia
(Mt 5:7)

La misericordia resalta nuestra tensión con Dios porque nuestra carne no se deleita en practicar la misericordia ni en ofrecerla. En lugar de practicar la misericordia, preferimos que las personas cumplan sus promesas y paguen sus facturas; en lugar de pedir misericordia, preferimos fingir que estamos sin pecados. Nacidos en pecado, la misericordia enfoca atención sobre nuestra falta de santidad y nuestros límites, destacando nuestra tensión con Dios.

La misericordia es una de las características de Dios (Wilkins 2004, 208; Guelich 1982, 88). Aparece en la Regla de Oro, en la Oración del Señor, y, lo que es más importante, en la breve lista de atributos de Dios dada a Moisés inmediatamente después los Diez Mandamientos en el Monte Sinaí:

> El SEÑOR descendió en la nube y estuvo allí con él, mientras éste invocaba el nombre del SEÑOR. Entonces pasó el SEÑOR por delante de él y proclamó: El SEÑOR, el SEÑOR, Dios compasivo y clemente, lento para la ira y abundante en misericordia y

> verdad (fidelidad); que guarda misericordia a millares, el que perdona la iniquidad, la transgresión y el pecado, y que no tendrá por inocente al culpable; que castiga la iniquidad de los padres sobre los hijos y sobre los hijos de los hijos hasta la tercera y cuarta generación. (Ex 34:4–7)

El contexto de Sinaí es importante aquí porque Dios expone sus rasgos de carácter a Moisés como un conjunto de valores centrales que se utilizarán para interpretar la ley correctamente. Los hacedores de leyes experimentados saben que las leyes tomadas fuera de contexto pueden malinterpretarse y frecuentemente publican comentarios para asegurar una interpretación apropiada. Para interpretar el carácter de Dios correctamente, comience por reconocer que Dios es misericordioso. Dios demuestra su misericordia en que Jesús murió voluntariamente en la cruz para salvarnos de nuestros pecados—nuestra expiación a través de Jesús confirma su divinidad precisamente porque ejemplifica la misericordia de Dios (1 Cor 15:3).

La misericordia aparece en muchas formas gramáticas en las escrituras en el griego, pero la forma adverbial usada en la Quinta Bienaventuranza no se usa en ningún otro lado. Esta forma puede usarse para declarar o presentar como causa (Wallace 1996, 460–461). Misericordioso significa «preocuparse por las personas necesitadas, misericordioso, comprensivo, compasivo» (BDAG 2487) y se deriva de la misma raíz que la compasión.

La misericordia y el perdón aparecen como dos caras de la misma moneda (Guelich (1982, 88), mientras leemos:

> Acuérdate, oh SEÑOR, de tu compasión y de tus misericordias, que son eternas. No te acuerdes de los pecados de mi juventud ni de mis transgresiones; Acuérdate de mí conforme a tu misericordia, por tu bondad, oh SEÑOR. (Sal 25:6–7)

El Salmista habla de la misericordia, el amor, y la bondad que juntos constituyen el perdón.

Jesús repetidamente habla de la misericordia, como cuando leemos:

> 1. Pero vayan, y aprendan lo que significa: misericordia quiero y no sacrificio (Os 6:6); porque no he venido a llamar a justos, sino a pecadores. (Mt 9:13, 12:7)

> 2. ¡Ay de ustedes, Escribas y Fariseos, hipócritas que pagan el diezmo de la menta, del anís y del comino, y han descuidado los preceptos más importantes de la ley: la justicia, la misericordia y la fidelidad! Estas son las cosas que debían haber hecho, sin descuidar aquéllas. (Mt 23:23)

3. ¿No deberías tú también haberte compadecido de tu consiervo, así como yo me compadecí de ti? (Mt 18:33)

Claramente Jesús valora la misericordia más que el cumplimiento legal o el castigo.

También habla sobre la misericordia usando otras palabras o frases, como en:

1. Por eso, todo cuanto quieran que los hombres les hagan, así también hagan ustedes con ellos, porque ésta es la Ley y los Profetas. (Mt 7:12)

2. Y perdónanos nuestras deudas (ofensas, pecados), como también nosotros hemos perdonado a nuestros deudores (los que nos ofenden, nos hacen mal). (Mt 6:12)

La misericordia no se gana por medio de ser misericordioso, pero la misericordia sugiere la presencia de Dios y somos bendecido cuando la ofrecemos.

∞

Dios de toda compasión y misericordia,

Perdóname Señor, por los pecados de mi juventud cuando no cumplí con los planes que tenías para mí. Cuando en tu gran compasión fuiste amable conmigo y paciente, enseñándome tu ley y demostrando tu gracia. Perdóname

Señor, por las transgresiones de mi juventud cuando desobedecí tu ley cuando, en tu misericordia, miraste hacia otro lado e ignoraste mi actitud, enseñándome paciencia y gentil persuasión. Perdóname Señor, por la iniquidad de mi juventud cuando no pude ayudar a los que me rodeaban. Cuando en tu eterno amor enviaste a tu hijo a morir para mi, expiando por mi pecado, mi transgresión, y mi iniquidad para que yo pudiera llegar a ser un hombre consciente de la compasión, la misericordia, y el amor que me modelaron todos los días. En el precioso nombre de Jesús, Amén.

∞

Preguntas
1. ¿Cómo sabemos de la misericordia de Dios?
2. ¿Que palabras se usan para expresar la misericordia de Dios en la Biblia?
3. ¿Por qué podría llamarse la misericordia el rasgo característico de Dios? ¿Qué ejemplos se pueden dar?
4. ¿Cuáles son los valores centrales de Dios?

5.2: Los Valores Centrales de Dios

> *El SEÑOR, el SEÑOR, Dios compasivo y clemente,*
> *lento para la ira y abundante en misericordia y*
> *verdad (fidelidad);*
>
> (Ex 34:6)

Inmediatamente después de la entrega de los Diez Mandamientos, Dios proclama sus atributos a Moisés, igual como un heraldo podría presentar los títulos y logros de un dignatario importante. Las Escrituras subrayan la importancia de estos atributos al repetirlos, casi palabra por palabra en el Salmo 86:15 y el Salmo 103:8, en Joel 2:13 y Jonás 4:2. En el contexto paralelo en la entrega de la Ley (Dt 4:31), solo la misericordia se cita, subrayando su primacía en la comprensión judía del carácter de Dios.

El énfasis de la misericordia y la falta del énfasis en la fidelidad (o la verdad) en Éxodo 34:6 sugiere que Dios es de corazón blando. El pasaje menciona la misericordia, la gracia, la lentitud a la ira (o la nariz larga), la abundancia de amor y la fidelidad. Amor en el hebreo se traduce mejor como amor de pacto debido a que el contexto aquí, Dios acaba de hacer entrega de los Diez Mandamientos a Moisés. La palabra que se traduce como fidelidad también significa verdad. Cuando el Apóstol Juan describió a Jesús como lleno de gracia y verdad (Jn 1:14), está haciendo un reclamo a su divinidad con referencia a Éxodo 34:6.

El Salmo 86 repite cada una de las cinco palabras de Éxodo 34 en el mismo orden. El Salmo 103 repite las primeras cuatro palabras, pero deja caer la fidelidad. Joel 2 repite las primeras cinco palabras, pero substituye «se arrepiente de infligir el mal» para fidelidad. Jonás 4 también substituye «se arrepiente de infligir el mal» para fidelidad, pero intercambia gracia y misericordia. El énfasis de la misericordia y la falta del énfasis en la fidelidad en los atributos de Dios es importante porque brindan orientación sobre cómo interpretar la ley especialmente cuando surgen conflictos o cuando un nuevo contexto requiere interpretación.

La primacía de la misericordia en la comprensión judía del carácter de Dios ocupa un lugar destacado en la historia del Profeta Jonás. Jonás rechazó el llamado de Dios para predicar el arrepentimiento a la gente pecadora del Nínive (una ciudad cuyas ruinas se encuentran cruzando el río Tigris desde Mosul, Irak; Na 1:1). En lugar de responder al llamado de Dios, Jonás abordó un barco en dirección opuesta (Jon 1: 2–3). Después de ser atrapado en una tormenta, arrojado por la borda, y rescatado por una ballena, Jonás respondió a regañadientes al llamado de Dios, viajó al Nínive y predicó el arrepentimiento a los Ninivitas. Cuando los Ninivitas respondieron a su predicación, se apartaron de su pecado, le rogaron a Dios que los perdonara (Jon 3: 9–10), Dios cedió de destruir la ciudad.

Mostrar misericordia a Nínive le pareció injusto a Jonás y esto le enfureció porque Nínive era la ciudad natal de Senaquerib, el rey de Asiria quien conquistó a Judá e hizo del rey Ezequías su vasallo (Is 36–37), así que Jonás:

> Y oró al SEÑOR: ¡Ah SEÑOR! ¿No era esto lo que yo decía cuando aún estaba en mi tierra? Por eso me anticipé a huir a Tarsis. Porque yo sabía que Tú eres un Dios clemente y compasivo, lento para la ira y rico en misericordia, y que Te arrepientes del mal anunciado. (Jon 4:2)

Jonás conocía los atributos de Dios (citando Ex 34:6) y no quería dar a los odiados Ninivitas la oportunidad de arrepentirse y que Dios los perdonara, porque sabía que Dios lo haría.

La misericordia es principal entre los atributos de Dios porque como seres humanos nacimos en pecado y debemos reconocer nuestros pecados antes de sentir cualquiera necesidad de Dios. Nuestra necesidad es como la de un joven que, al no gustarle el presidente recién elegido, abandona el país y hace pedazos su pasaporte; sin que se le emita un nuevo pasaporte, no puede regresar a casa. En nuestro caso, nuestro pasaporte en el reino de Dios es su misericordia; sin la cual no podemos experimentar los otros atributos de Dios.

∞

Misericordioso Dios,

Te alabo por el don de tu ley y tu provisión de gracia a través de Jesucristo para que podamos acercarnos a ti en oración. Eres el Dios de la misericordia y la gracia, quien es lento para la ira, abundante en amor, y fiel. No hay nadie como tú; que pueda modelarme siempre sobre tu inmutable carácter recordando tu ley, teniendo siempre presente tu gracia y disfrutando del apoyo de tu iglesia. Que pueda rápidamente compartir tu misericordia, gracia, y amor con aquellos que me rodean en pensamientos, palabras, y obras, a través del poder de tu Espíritu Santo, y en el nombre de Jesús, Amén.

Preguntas

1. ¿Cuáles son los atributos de Dios? ¿Cuál es la relación entre los atributos de Dios y la ley?

2. ¿Dónde está Nínive y porque son famosos los Ninivitas?

3. ¿Por qué huyó Jonás cuando Dios le dijo que fuera a Nínive? ¿Cómo se relacionó su decisión con los atributos de Dios?

4. ¿Quiénes son los Ninivitas en tu vida? ¿Cómo te sientes cuando Dios les ofrece misericordia?

5. ¿En cuál manera experimentamos el amor de Dios?

5.3: Misericordia como Camino a la Salvación

Pero vayan, y aprendan lo que significa:
misericordia quiero no sacrificio;
porque no he venido a llamar a justos,
sino a pecadores. (Mt 9:13)

Pedir misericordia y ofrecerla evocan tensión con Dios porque preferimos no arrojar luz sobre nuestro proprio pecado o el pecado de los demás. Al tratar con nuestro proprio pecado, Jesús cita el mismo versículo del profeta Oseas dos veces después de la Quina Bienaventuranza (Mt 9:13, 12:7): «Porque me deleito más en la lealtad (misericordia) que, en el sacrificio, y en el conocimiento de Dios que en los holocaustos.» (Os 6:6) La adoración pagana intenta manipular los dioses con sacrificios, lo que hoy día puede tomar la forma de ofrendas, rectitud abierta, oraciones, asistencia a la iglesia o acciones XYZ realizadas, no por acción de gracias, sino por un deseo de manipular a Dios.

Una importante lección sobre la misericordia se muestra en la historia del buen samaritano cuando un abogado le pregunta a Jesús, «¿Y quién es mi prójimo?» (Lc 10:29). Después de contar la historia, Jesús pregunta: «¿Cuál de estos tres piensas tú que demostró ser prójimo del que cayó en manos de los salteadores?» (Lc 10:36), substituyendo la pregunta—«quien demostró ser prójimo»—por la pregunta del abogado—«quién es mi prójimo»—y suscitando la respuesta del abogado—«El que tuvo misericordia de él.» (Lc 10:37) ¿Te das cuenta de que la historia comenzó hablar sobre el amor al prójimo, pero terminó hablando sobre la misericordia? Al convertir un objeto directo (el prójimo) en un verbo (ser un prójimo) Jesús redirige la pregunta del abogado de quién puede ser excluido como un prójimo a cómo podemos convertirnos en un mejor prójimo.

La misericordia es un enfoque apropiado de la historia del buen samaritano porque los judíos odiaban a los samaritanos. El samaritano tuvo que vencer los prejuicios (mostrar misericordia) para mostrar amor al hombre dejado por muerto. Igualmente, experimentamos el amor de Dios a través de su misericordia, como en este versículo: «El SEÑOR, el SEÑOR, Dios compasivo y clemente, lento para la ira y abundante en misericordia y verdad (fidelidad).» (Ex 34:6) Tenga en cuenta que este versículo incluye misericordia y amor, pero la misericordia es lo primero.

Santiago concluye lo mismo de los atributos de Dios cuando observa: «Porque el juicio será sin misericordia para el que no ha mostrado misericordia. La misericordia triunfa sobre el juicio.» (Sant 2:13) Aquí, Santiago ha reiterado la Bienaventuranza de Jesús en negativo—es una maldición ser juzgado sin misericordia. El juicio requiere verdad, lo que—como el amor—sigue a la misericordia en la lista de los atributos de Dios.

El vínculo entre el juicio y la misericordia nos remite a la obra expiatoria de Cristo, como observó el apóstol Pedro:

> Bendito sea el Dios y Padre de nuestro Señor Jesucristo, quien, según Su gran misericordia, nos ha hecho nacer de nuevo a una esperanza viva, mediante la resurrección de Jesucristo de entre los muertos, para obtener una herencia incorruptible, inmaculada, y que no se marchitará, reservada en los cielos para ustedes. Mediante la fe ustedes son protegidos (guardados) por el poder de Dios, para la salvación que está preparada para ser revelada en el último tiempo. (1 Pe 1:3–5)

El camino de salvación a través de Cristo es por medio de su misericordia.

∞

Misericordioso Padre, Amado Hijo, Eternamente Presente Espíritu,

Te alabamos, Señor, por tu misericordia, gracia, paciencia, amor, y fidelidad; por sanarnos de nuestras aflicciones, por perdonar nuestros pecados, y por tu presencia en nuestras vidas; porque en ti encontramos fe, esperanza, y amor, como en ningún otro lugar. Confesamos que solo tu eres Dios, sin embargo, hacemos ídolos de máquinas, instituciones y nuestras propias teorías favoritas. No hemos seguido el ejemplo de tu hijo, Jesucristo, y hemos puesto nuestros propios deseos por encima de nuestras familias, amigos e incluso tu iglesia. Perdona nuestro pecado; pasar por alto nuestras transgresiones; y sánanos de nuestra iniquidad—para que podamos ser completos nuevamente y restaurados a tu presencia. Te damos gracias por las muchas bendiciones que nos has dado libremente: nuestras familias, nuestra salud, nuestro trabajo e incluso la vida misma. Te pedimos ahora que nos bendiga para que podemos bendecir a los demás. En el nombre de Jesús, Amén.

Preguntas

1. ¿Por qué es la misericordia un atributo divino poco popular?
2. ¿Cuál es la característica define el paganismo y por qué los profetas restan importancia al sistema de sacrificios?
3. ¿Cuál es la relación entre la misericordia y el amor?
4. ¿Por qué enfatiza la Biblia la misericordia sobre el amor y la verdad?

5.4: Jesús Modela la Ética de la Imagen

Por eso Jesús les decía: En verdad les digo que el Hijo no puede hacer nada por su cuenta, sino lo que ve hacer al Padre; porque todo lo que hace el Padre, eso también hace el Hijo de igual manera.
(Jn 5:19)

La historia de la creación en Génesis ofrece un marco ético que Jesús emplea repetidamente en su enseñanza, como vemos en Génesis: Dios creó al hombre a imagen Suya, a imagen de Dios lo creó; varón y hembra los creó. (Gen 1:27) Debido a que somos creados a imagen de Dios, nuestro comportamiento también debe seguir el comportamiento de Dios, una especie de ética de imagen. Por ejemplo, cuando Dios nos bendice, debemos bendecir a los demás. (Gen 12:3) Este patrón de comportamiento es fácil—Dios hace A, nosotros hacemos A; Dios hace B, nosotros hacemos B—y este patrón aparece en varios lugares en la enseñanza de Jesús, como en la Oración del Señor donde leemos: «Venga tu reino. Hágase tu voluntad, Así en la tierra como en el cielo.» (Mt 6:10) La frase «Así en la tierra como en el cielo» modela este patrón mientras que la frase—«Y perdónanos nuestras deudas (ofensas, pecados), como también nosotros hemos perdonado a nuestros deudores (los que nos ofenden, nos hacen mal).» (Mt 6:12)—revierte este patrón debido que sabemos la voluntad de Dios.

Al discutir el perdón, Jesús se repite a si mismo, para dar énfasis:

> Porque si ustedes perdonan a los hombres sus transgresiones (faltas, delitos), también su Padre celestial les perdonará a ustedes. Pero si no perdonan a los hombres, tampoco su Padre les perdonará a ustedes sus transgresiones (faltas, delitos). (Mt 6:14–15)

En seis simples versículos (Mt 6:10–15), Jesús invierte este patrón (nosotros hacemos A, Dios hace A; nosotros hacemos B, Dios hace B) cuatro veces cuando la voluntad de Dios es bien conocida (Dios es misericordioso así que obviamente perdona), como los rasgos de Dios nos informan.

Por consiguiente, una aplicación importante de este patrón es reflejar y anticipar todos los rasgos del carácter de Dios: «El SEÑOR, el SEÑOR, Dios compasivo y clemente, lento para la ira y abundante en misericordia y verdad (fidelidad).» (Ex 34:6) Si Dios es misericordioso, entonces somos misericordiosos; si Dios es clemente, entonces somos clementes...entre los frutos del Espíritu, que el apóstol Pablo lista: «Pero el fruto del Espíritu es amor, gozo, paz, paciencia, benignidad, bondad, fidelidad, mansedumbre, dominio propio; contra tales cosas no hay ley.» (Gal 5:22–23) Casi todos los rasgos de carácter de Dios se encuentran en esta lista, aunque bondad solo insinúa misericordia.

¿Te deseo una bendición? ¡Sea una bendición! (Gen 12:2)

Simple. Limpia. Convincente. Jesús ama la ética de imagen.

∞

Dios de toda misericordia y gracia,
Te alabamos por crear el cielo y la tierra, todo lo que es, lo que fue, y lo que siempre será; todas las cosas vistas y no vistas. Consideramos su creación, sonreímos y alabamos tu nombre. Te alabamos por el ejemplo de tu hijo, nuestro Salvador, Jesucristo—quien en la vida sirvió a los demás, quien en la muerte expió por nuestro pecado, y quien al resucitar de entre los muertos nos concedió la esperanza de la vida eterna. Vemos el ejemplo de tu hijo y sentimos tu amor por nosotros. Te alabamos por tu Espíritu Santo, quien nos acérca a ti, concédanos cada buen regalo, y bríndanos todas las cosas. Consideramos el poder de tu

Espíritu Santo en el mundo y estallamos en alabanza. Que venga tu reino, que se haga tu voluntad, en la tierra como en el cielo, hoy y todos los días, con nosotros y a través de nosotros. En el nombre de Jesús, amén.

∞

Preguntas
1. ¿Quién nos modela el comportamiento ético?
2. ¿Cuál es el patrón? ¿Dónde repite Jesús el patrón? ¿Dónde se desvía Jesús del patrón?
3. ¿Cómo interpretas Génesis 12:2 en vista de este patrón?
4. ¿Qué implica ser creado a la imagen de Dios? ¿Cuáles atributos de Dios están en vista aquí?
5. ¿Qué significa ser creado varón y hembra a la imagen de Dios?

6.0 HONRADOS LOS DE CORAZÓN LIMPIO

6.1: Sean Santos, Porque Soy Santo

6.2: Un Corazón Limpio y Un Espíritu Recto

6.3: Poda, Intensifica, y Aplica

6.4: Viviendo en Nuestra Llamada

6.1: Sean Santos, Porque Soy Santo

> *Honrados los de limpio corazón,*
> *pues ellos verán a Dios.* (Mt 5:8)

Dios es santo; nosotros no lo somos. Nuestra tensión con Dios frecuentemente empieza con la culpa sobre esta brecha de la santidad. Esta brecha, lo que es más un abismo, apunta a nuestra necesidad de Cristo, quien es nuestro puente hacia nuestro santo Dios, siendo ambos santos y divinos.

La palabra griega para puro significa: «estar libre de culpa moral, puro, libre de pecado.» (BDAG 3814.3c)[1] La expresión puro de corazón aparece solo en Mateo 5:8 en el Nuevo Testamento, pero ocurre en el Antiguo Testamento:

> ¿Quién subirá al monte del SEÑOR? ¿Y quién podrá estar en Su lugar santo? El de manos limpias y corazón puro, El que no ha alzado su alma a la falsedad Ni jurado con engaño. (Sal 24:3–4)

Este salmo nos dice cómo adorar en el templo de Jerusalén. A la vista está el código de santidad de Levítico, donde Dios nos amonesta muchas veces a ser santos, porque yo soy santo (Lev 11:44).

La expresión puro de corazón está incompleta en la traducción al inglés. La palabra en hebreo para corazón significa: «hombre interior, mente, voluntad, corazón» (BDB 4761)[2] que incluye emociones, pero también cosas no incluidas en el inglés. Por ejemplo, inmediatamente después de la oración hebrea, el Shemá (Dt 6:4), se nos ordena—«Amarás al SEÑOR tu Dios con todo tu corazón, con toda tu alma y con toda tu fuerza.» (Dt 6:5)—que enfatiza la unidad de corazón, alma, y fuerza mediante la repetición (Benner 1998, 22). Jesús repite esta referencia en Mateo 22:36–40 donde nos ordena que amemos a Dios y al prójimo.

La promesa de la Sexta Bienaventuranza de ver a Dios, si permanecemos puros, es también una promesa de perdón (Sal 51:10–12), salvación (Job 19:26–27), y la oportunidad del ministerio. Ver a Dios como una figura prominentemente en las historias de Moisés (Ex 3:6), Isaías (Is 6: 5) y Ezequiel (Ez 1:28) es una experiencia paralela a la de Pablo (Hch 9:3, 22:6, y 26:13). Pablo está cegado por la luz del cielo—una alusión tanto a Dios y como al llamado del profeta Ezequiel (Ez 2:1). Como seres impíos y mortales, ver a Dios nos ciega y amenaza nuestra propia existencia.

La promesa de ver a Dios es también una promesa

de restauración de la relación con Dios, vista por primera vez en el Jardín del Edén (Gen 3:8–9). También anticipa el cielo, como se profetizó en el último capítulo del Libro de Apocalipsis:

> Ya no habrá más maldición. El trono de Dios y del Cordero estará allí, y Sus siervos Le servirán. Ellos verán Su rostro y Su nombre estará en sus frentes. (Ap 22:3–4)

La santidad es la marca de Dios, no solo en nuestras frentes, sino también en nuestras almas, como leemos en Génesis:

> Pero Abimelec no se había acercado a ella, y dijo: Señor, ¿destruirás a una nación, aunque sea inocente? ¿No me dijo él mismo: ¿Es mi hermana? Y ella también dijo: Es mi hermano. En la integridad de mi corazón y con manos inocentes yo he hecho esto. Entonces Dios le dijo en el sueño: Sí, Yo sé que en la integridad de tu corazón has hecho esto. Y además, Yo te guardé de pecar contra mí, por eso no te dejé que la tocaras. (Gen 20:4–6)

Abimelec habla directamente con Dios que trabaja en su corazón para evitar que peque, aunque era un gentil.

Al ver a Jesús, un amigo de . . . pecadores, valorar y enseñar acerca de la santidad es realmente irónico, ya que leemos:

> Porque ha venido Juan el Bautista, que no come pan, ni bebe vino, y ustedes dicen:

> Tiene un demonio. Ha venido el Hijo del Hombre, que come y bebe, y dicen: Miren, un hombre glotón y bebedor de vino, amigo de recaudadores de impuestos y de pecadores. Pero la sabiduría es justificada por todos sus hijos. (Lc 7:33–35)

Aún así, la Sexta Bienaventuranza anticipa nuestra conversión y comisión, al igual que la de los Apóstoles:

> Jesús les dijo otra vez: Paz a ustedes; como el Padre Me ha enviado, así también Yo los envío. Después de decir esto, sopló sobre ellos y les dijo: Reciban el Espíritu Santo. (Jn 20:21–22)

El llamado de un apóstol claramente requería una pureza de corazón que el Espíritu Santo traía a su alcance.

∞

Padre Santo y Eterno,

Te alabamos por tu misericordia y clemencia a través de Jesucristo, quien murió por nuestros pecados antes de que aún naciéramos. Confesamos que solo tú eres santo. Desde el útero de nuestra madre, hemos probado tu paciencia e incluso ahora venimos a ti con las manos manchadas de sangre. Perdona nuestra rebelión contra tu pacto y contra tu hijo. En el poder de tu Espíritu Santo, limpia nuestros corazones y mentes que podamos convertirnos en mayordomos aptos de tu misericordia y gracia hacia aquellos entre nosotros quienes no han escuchado las buenas nuevas o las han rechazado por causa de nuestro pecado y locura. Llévanos a ti mismo hoy sobre las brechas que nos separan para que podamos tener una nueva vida en ti, este día, y para siempre. En el precioso nombre de Jesús, Amén.

∞

Preguntas
1. ¿Cuál es nuestra primera fuente de tensión con Dios?
2. ¿Qué implica ser puros de corazón?
3. ¿Qué es el Shemá y por qué es lo importante para comprender del amor de Dios?
4. ¿Qué es el mandamiento del doble amor?
5. ¿Cuál es promesa de la sexta Bienaventuranza?
6. ¿Por qué es la santidad de Dios una amenaza potencial?
7. ¿Quién es Abimelec? ¿Por qué es interesante la intervención de Dios en su vida?

Notas

1 The Greek word for pure means: "to be free from moral guilt, pure, free from sin." (BDAG 3814.3c)

2 The Hebrew word for heart means "inner man, mind, will, heart."` (BDB 4761)

6.2: Un Corazón Limpio y Un Espíritu Recto

Crea en mí, oh Dios, un corazón limpio, y
renueva un espíritu recto dentro de mí.
No me eches de tu presencia, y
no quites de mí tu Santo Espíritu.
(Sal 51:10–11)

Cuando pensamos en la palabra, santo, normalmente pensamos en pureza móral, pero otra definición es: «pertenecer a ser dedicado o consagrado [a separar de] el servicio de Dios» (BDAG 61). La misma palabra para santo (sagrado) en griego también significa un santo, así como moralmente puro y separado.

La pureza moral y la separación son ideas fundamentales en el entendimiento de Dios en el Antiguo Testamento, como vemos en Génesis: «En el principio Dios creó los cielos y la tierra.» (Gen 1:1) Dos hechos de separación ocurren en la creación: El no ser se separa del ser (Gen 1:1a) y el cielo y la tierra se separaron uno del otro (Gen 1:1b). Otras separaciones—tinieblas y luz, mañana y noche, tierra seca y agua, hombre y mujer—siguen en el relato de creación lo que Dios declara bueno.

Los ataques contemporáneos contra la bondad de Dios a menudo comienzan declarando estas separaciones arbitrarias y caprichosas, especialmente en lo que respecta al género. Se argumenta que, si estas separaciones son arbitrarias, son también discriminatorias, por lo tanto, no son buenas. Entonces, la biblia enseña discriminación y no puede considerarse como normativa para los cristianos posmodernistas.

Buenas separaciones, a menudo se refieren hoy como límites, que necesitan ser claras y concretas. En los Diez Mandamientos (Ex 20), la ley establece límites voluntarios que definen quién es y quién no es parte de la familia de Dios. El pacto entre el pueblo de Israel y Dios empieza con un recordatorio de los beneficios del pacto: «Yo soy el SEÑOR tu Dios, que te saqué de la tierra de Egipto, de la casa de servidumbre (de la esclavitud).» (Ex 20:2) El punto aquí es que una vez fueron esclavos, pero yo los liberé, ustedes me deben.

Una interpretación cristiana de este pasaje toma un giro diferente. El apóstol Pablo habla de ser esclavo del pecado (Rom 7:14). Hoy día hablamos sobre esclavos de una adicción, esclavos del temor, o esclavos de las pasiones. Dios nos ofrece la libertad de escapar de tal esclavitud, si lo buscamos.

Los beneficios del pacto (bendiciones) y las estricciones (maldiciones) se presentaron con mayor detalle en Deuteronomio. Deuteronomio, que significa el segundo libro de la ley, necesitaba repetir el pacto para una nueva generación porque Dios maldijo a sus padres (que habían vivido en Egipto) por su falta de fe a morir en el desierto (Dt 1: 20–37). Aquí leemos primero sobre los beneficios:

> Y sucederá que si obedeces diligentemente al SEÑOR tu Dios, cuidando de cumplir todos Sus mandamientos que yo te mando hoy, el SEÑOR tu Dios te pondrá en alto sobre todas las naciones de la tierra. Y todas estas bendiciones vendrán sobre ti y te alcanzarán, si obedeces al SEÑOR tu Dios: Bendito serás en la ciudad, y bendito serás en el campo . . . (Dt 28:1–3)

Más tarde en forma paralela, leemos sobre las estricciones:

> Pero sucederá que si no obedeces al SEÑOR tu Dios, y no guardas todos Sus mandamientos y estatutos que hoy te ordeno, vendrán sobre ti todas estas maldiciones y te alcanzarán: Maldito serás en la ciudad, y maldito serás en el campo . . . (Dt 28:15–16)

Estas bendiciones y maldiciones se citan otra vez en el Salmo 1: ¡Cuán bienaventurado es el hombre que no anda en el consejo de los impíos, Ni se detiene en el camino de los pecadores, Ni se sienta en la silla de los escarnecedores. (Sal 1:1)

Recordarle al pueblo, especialmente los lideres, estas bendiciones y maldiciones era la responsabilidad principal de un profeta del Antiguo Testamento. Aquellos que cumplieron con sus obligaciones del pacto fueron considerados justos bajo de la ley (Flp 3:6).

Si Dios consideraba a Job justo, ¿por qué Job terminó sufriendo? (Job 1:1)

Una respuesta a la pregunta de sufrimiento es que la fidelidad de Job fue probada por circunstancias malvadas (Job 1:9) y se confirmó que era cierta (Job 42:1–7). Otra respuesta es que el sufrimiento es una consecuencia de la necedad (Prov 1:7). La mejor respuesta es que el pecado trae sufrimiento, es parte de nuestra naturaleza, y se requiere la intervención de Dios para vencerlo, mientras leemos:

> Yo sé que mi Redentor (Defensor) vive, y al final se levantará sobre el polvo. Y después de deshecha mi piel, Aun en mi carne veré a Dios; Al cual yo mismo contemplaré, y a quien mis ojos verán y no los de otro. ¡Desfallece mi corazón dentro de mí! (Job 19:25–27)

Esta teodicea de Job revela la gloria de Dios y su amor por nosotros al proporcionarnos un redentor.

La posibilidad de un redentor se profetiza por Moisés (Dt 18:15) y expresa el perdón de Dios. Al orar por el perdón de Dios, el rey David expresó más claramente la intervención de Dios en nuestra condición moral, como se citó anteriormente en el Salmo 51. David reconoció que la intervención divina se requería para tener una relación humana con un Dios santo y trascendental. Ser humano significa ser impío y mortal, no santo e inmortal (trascendente), como Dios.

Más tarde, Dios intervino mediante la muerte y resurrección de Jesucristo para expiar nuestro pecado (1 Cor 15:3–10). En Cristo y por medio del Espíritu Santo, podemos vivir en obediencia a Dios (liberados de la ley) y podemos venir ante Dios en oración y adoración.

∞

Padre de la Creación, Amado Hijo, Espíritu de Verdad,
Ata nuestros corazones descarriados con tu ley; cántanos de tu amor. Sepáranos de las malas influencias, las duras tentaciones y las pruebas que no podemos soportar. Camina con nosotros cuando el sol no brilla, la lluvia se

acerca, y nuestros caminos se confunden. Siéntate con nosotros mientras braman las tormentas, nuestra fuerza se debilita y nuestra salud huye. Guíanos cuando nuestros amigos estén distantes y nuestros retos estén siempre cerca. Concédenos fuerzas para el día; gracia para los que nos encontramos; y paz. En el nombre de Jesús, Amén.

∞

Preguntas
1. ¿Cuáles son las dos implicaciones de la palabra, santo?
2. ¿Cuál es una separación o limite? ¿Qué clase de separación encontramos en la Biblia?
3. ¿Qué tienen que ver las bendiciones y las maldiciones con los Diez Mandamientos?
4. ¿Cuál es la descripción del trabajo principal de un profeta del Antiguo Testamento?
5. ¿Por qué se necesita un redentor en el Antiguo Testamento? ¿Qué tiene que ver la redención con la ley?
6. ¿Qué papel juega Cristo en nuestra redención?

6.3: Poda, Intensifica, y Aplica

Ustedes han oído que se dijo: no cometerás adulterio. Pero Yo les digo que todo el que mire a una mujer para codiciarla ya cometió adulterio con ella en su corazón. Si tu ojo derecho te hace pecar, arráncalo y tíralo; porque te es mejor que se pierda uno de tus miembros, y no que todo tu cuerpo sea arrojado al infierno.

(Mt 5:27–29)

La Sexta Bienaventuranza se centra en un corazón limpio, «honrados los de corazón limpio,» pero ¿cómo puedo eliminar las impurezas? Jesús provee tres métodos: podar, intensificar, y aplicar.

Poda

Jesús nos da dos metáforas de poda: cortar el crecimiento innecesario o no deseado para hacer que una planta sea más fuerte y más fructífera (Jn 15:2). La primera metáfora involucra los ojos: «Si tu ojo derecho te hace pecar, arráncalo y tíralo.» (Mt 5:29) La segunda metáfora involucra las manos: «Y si tu mano derecha te hace pecar, córtala y tírala.» (Mt 5:30) En ambas metáforas, eliminamos el pecado de nuestras vidas mediante la poda.

Las metáforas de desgarro de ojos y corte de manos también podrían haber sido escuchadas por la audiencia de Jesús como un llamado mesiánico a las armas. Cuando el profeta Samuel ungió a Saúl, rey mesiánico de Israel, le dijo: «Y reinarás sobre el pueblo del Señor y los salvarás de la mano de sus enemigos circundantes.» (1 Sam 10:1)[1] Note la metáfora sobre la mano en esta bendición. El primer acto de Saúl como rey fue salvar la ciudad sitiada de Jabesh-gilead de un rey amorreo cuya condición para la rendición era: «Pero Nahas el Amonita les dijo: Lo haré con esta condición: que a todos ustedes les saque yo el ojo derecho; así haré que esto sea una afrenta sobre todo Israel.» (1 Sam 11:2) Al comprender la historia de Saúl, las metáforas de Jesús podrían interpretarse como diciendo: párate sobre tus propios pies.

Las metáforas de Jesús sobre la poda implican que la santificación—desechar el pecado y asumir la piedad—es un asunto serio: los ojos y las manos son partes del cuerpo—partes de nosotros—que no se descartan fácilmente. Si la amenaza de pecado fuera trivial, entonces una mejor analogía puede haber sido a recortarte las uñas o cortar el cabello. Pero si el pecado amenaza nuestras vidas tanto física como espiritual, entonces la amputación es una opción aceptable y la analogía no es hiperbólica.

Intensifica

Jesús amplía el alcance de los mandamientos bajo la ley al profundizar en la motivación de romperlos, que intensifica el escrutinio dado al pecado. Por ejemplo, cuando Jesús habla sobre adulterio, se enfoca en la mirada lujuriosa que corrompe el corazón, no los pecaminosos actos que siguen. Como nos recuerda el evangelista Billy Graham (1955, 78): «¿Qué significa esta palabra adulterio? Se deriva de la misma raíz latina de la que obtenemos nuestra palabra adulterar, que significa corrupto; hacer impuro o debilitar.»[2] Si el pecado comienza en el corazón, entonces la santificación debe luchar por la pureza del corazón, y no solo evitar el pecado, sino también perseguir la piedad, como escribe el apóstol Pablo:

> Pero ustedes no han aprendido a Cristo (el Mesías) de esta manera. Si en verdad Lo oyeron y han sido enseñados en El, conforme a la verdad que hay en Jesús, que, en cuanto a la anterior manera de vivir, ustedes se despojen del viejo hombre, que se corrompe según los deseos engañosos, y que sean renovados en el espíritu de su mente, y se vistan del nuevo hombre, el cual, en la semejanza de Dios, ha sido creado en la justicia y santidad de la verdad. (Ef 4:20–24)

La semejanza de Dios, por supuesto, se refiere a la imagen

divina en la creación, como está implícito en la palabra, piedad, usada por Pablo para amonestar a Timoteo: «disciplínate a ti mismo para la piedad.» (1 Tim 4:7)

Aplica

En la mentalidad judía, no tiene sentido separar el corazón de la mente o la fe de la acción, como leemos en Santiago:

> Sean hacedores de la palabra y no solamente oidores que se engañan a sí mismos. Porque si alguien es oidor de la palabra, y no hacedor, es semejante a un hombre que mira su rostro natural en un espejo; pues después de mirarse a sí mismo e irse, inmediatamente se olvida de qué clase de persona es. Pero el que mira atentamente a la ley perfecta, la ley de la libertad, y permanece en ella, no habiéndose vuelto un oidor olvidadizo sino un hacedor eficaz, éste será bienaventurado en lo que hace. (Sant 1:22–25)

Como judío devoto, Santiago seguramente compartiría la convicción de Jesús de que la unidad de persona (corazón y mente) implica unidad de fe y acción (Dyrness 2001, 81). De hecho, la brecha entre lo que decimos y lo que hacemos es una buena medida de la cantidad de pecado en nuestras vidas. Después de todo, Jesús fue la primera persona en las Escrituras en usar la palabra, hipócrita, que significa dos caras, diciendo una cosa y *haciendo otra* (Mt 23–25). Antes de que Jesús usara la palabra, un hipócrita era solo un actor en un escenario griego.

La unidad de fe y acción es, por supuesto, un atributo divino, como vemos en la vida y obra de Jesucristo. En la vida, Jesús modeló la naturaleza sin pecado de que Dios quería para nosotros (Hch 4:15). En la muerte, Jesús nos redimió de nuestro pecado (Gal 3:13). En la resurrección, Jesús nos dio la esperanza de salvación (1 Cor 15:20). Y, en su ascensión, intercede por nosotros ante Dios todopoderoso (Ap 22:3). Después de la ascensión durante el Pentecostés, Jesús confirió a la iglesia y a nosotros el Espíritu Santo para ayudarnos a vencer nuestra naturaleza pecaminosa (Jn 16:7–8).

Debido a que parte de nuestra naturaleza pecaminosa es enfocarnos solo en nosotros mismos, es útil distinguir los esfuerzos de autoayuda de la santificación. La autoayuda se enfoca en mejorarnos mientras que la santificación se enfoca en modelar a Cristo.

Entonces, cuando actuamos en unidad de fe y acción, hacemos eco de la Trinidad: «Escucha, oh Israel, el SEÑOR es nuestro Dios, el SEÑOR uno es. Amarás al

SEÑOR tu Dios con todo tu corazón, con toda tu alma y con toda tu fuerza.» (Dt 6:4–5) En esta manera, modelamos la naturaleza sin pecado de Dios a quienes nos rodean. Modelando a Cristo, debemos podar, intensificar y aplicar si queremos ser puros de corazón y ver a Dios.

∞

Padre Todopoderoso,

Líbranos, Señor, de un corazón dividido, una mente indecisa y un espíritu mañoso. Poda el ojo que peca, la mano que agarra, y los oídos que buscan escuchar otra cosa que no sea tu palabra. Intensifica nuestro amor por tu ley y aplica ese amor en corazones con gracia y mentes discernientes. Infunde en nosotros tu Espíritu Santo, afectos santos y pensamientos santificados para que podamos ser sinceros con nosotros mismos, con los demás y, sobre todo, contigo. Concédenos tu completa armadura: el cinturón de verdad, la coraza de justicia, el casco de la salvación, y la espada de tu palabra (Ef 6:13–17). Para que podamos servir toda nuestra vida como ejemplos de tu piedad. En el nombre de Jesús, Amén.

∞

Preguntas
1. Nombra tres métodos para obtener un corazón limpio.

2. ¿De dónde saca Jesús la idea de podar? ¿Por qué es útil?
3. ¿Qué implica intensificar? ¿Cómo describiría la búsqueda de la piedad?
4. ¿Se pueden separar la fe y la acción? ¿Qué es un hipócrita y qué significaba originalmente?
5. ¿Podemos ser fieles por nuestra cuenta?

Notas

1 Se necesitó a traducir directamente del griego de la Septuaginta porque la traducción en español sigue el hebreo.

2 As evangelist Billy Graham (1955, 78) reminds us: "What does this word adultery mean? It is derived from the same Latin root from which we get our word adulterate which means corrupt; to make impure or to weaken."

6.4: Viviendo en Nuestra Llamada

Del SEÑOR es la tierra y todo lo que hay en ella,
El mundo y los que en él habitan.
Porque El la fundó sobre los mares,
Y la asentó sobre los ríos.
¿Quién subirá al monte del SEÑOR?
¿Y quién podrá estar en Su lugar santo?
El de manos limpias y corazón puro,
El que no ha alzado su alma a la falsedad
Ni jurado con engaño. (Sal 24:1–4)

A veces, disminuir la tensión con un Dios santo significa aumentar nuestra tensión con el mundo. En el reciente libro de David Kinnaman y Gabe Lyons, *UnChristian*, los seis puntos más comunes de tensión entre cristianos y no cristianos son:

1. Hipócritas. Decimos una cosa y hacemos otra.

2. Los cristianos están demasiado enfocados en conseguir conversos.

3. Homofóbicos. Los cristianos son intolerantes y muestran desdén por los homosexuales y las lesbianas.

4. Protegidos. Los cristianos son anticuados, aburridos y están fuera de contacto con la realidad.

5. Demasiado político. Cristianos: promueven y representan intereses y problemas políticamente conservadores.

6. Juicio: La gente duda de que realmente amamos a las personas como decimos que lo hacemos (Kinnaman 2007, 29–30).

Las dudas de los no creyentes sobre la santidad de los cristianos se encuentran detrás de cada una de estas críticas. Por ejemplo, los cristianos que actúan como todos los demás, especialmente en asuntos de sexualidad, son vistos como hipócritas, no santos. Por el contrario, los cristianos que persiguen la santidad pueden hacer que otros se sientan incómodos juzgados, suscitan críticas injustas, y tensiones bien ganadas.

Cuando se plantean problemas de santidad dentro de la iglesia, la discusión a menudo se corta con una pregunta: ¿dónde está la gracia en tu cosmovisión? En vista aquí esta la presumida tensión entre la gracia y la ley en el evangelio de Juan: «Pues de Su plenitud todos hemos recibido, y gracia sobre gracia. Porque la Ley fue dada por medio de Moisés; la gracia y la verdad fueron hechas realidad por medio de Jesucristo (Jesús el Mesías).» (Jn 1:16–17)) La gracia y la ley parecen oponerse entre sí, pero esta interpretación es engañosa por dos razones.

La primera razón es que la gracia y la verdad son atributos divinos revelados a Moisés inmediatamente después de la entrega de la ley (Ex 34:6). Si la ley y la gracia aparecieron juntas desde el principio, ¿cómo podrían estar en conflicto? Es más útil interpretar la ley y la gracia como complementarias porque la entrega de la ley fue en sí un acto de gracia divina, ya que la ley reveló la voluntad de Dios para la vida diaria. En consecuencia, el sacrificio expiatorio de Cristo no era el primer acto de gracia de Dios.

La segunda razón es que la gracia y la verdad (la ley es un tipo de verdad prescriptiva) van juntos en la transformación personal. Según Calvino, debido a que la ley es concreta, es útil para educar en justicia, para hacer cumplir la ley y para describir cómo ser santo todos los días (Haas 2006, 100). A todos les encanta recibir gracia, pero no a todos les gusta escuchar la verdad porque a menudo requiere una acción correctiva.

La naturaleza del comentario de la ley y la gracia nunca es más obvia que en las palabras de Jesús: «No piensen que he venido para poner fin a la Ley o a los

Profetas; no he venido para poner fin, sino para cumplir.» (Mt 5:17) Los intentos de derogar la ley de Moisés a favor de la gracia a menudo surgen porque la ley se divide en dos partes: el código de santidad y la ley ceremonial. Esta distinción surgió históricamente porque el templo en Jerusalén fue destruido por los romanos en el año 70 DC, lo que imposibilitó la realización de las leyes ceremoniales. Sin embargo, la destrucción del templo no tuvo tal efecto en el código de santidad, cuyas prohibiciones contra inmoralidad sexual nunca fueron abolidas o abrogadas, como se confirmó en el Concilio de Jerusalén en el año 50 DC (Hch 15:19–20).

El código de santidad no esta obsoleto. Considere la limpieza del elemento criminal que ocurrió en la ciudad de Nueva York durante la década de 1980. Dos criminólogos, James O. Wilson y George Kelling, comenzaron la limpieza criminal con lo que llamaron la teoría de las ventanas rotas. Argumentaron:

> El crimen es el resultado inevitable del desorden. Si una ventana se rompe y no se repara, la gente que pase por allí concluirá que a nadie le importa y que nadie está a cargo. Pronto, se romperán más ventanas, y una sensación de anarquía se extenderá desde el edificio hasta la calle de enfrente,

enviando la señal de que todo vale. La idea es que el crimen es contagioso.[1]

Entonces, la ciudad de Nueva York libró una guerra contra ventanas rotas y grafiti en los barrios y el metro. No se toleraban infracciones menores de la ley. Y el crimen en toda la ciudad comenzó a caer precipitadamente para sorpresa de todos (White, 2004, 158).

La teoría de las ventanas rotas es para las ciudades lo que el código de santidad es para los individuos. El rey Salomón famosamente escribió sobre los pecados pequeños: «Agarren las zorras, las zorras pequeñas que arruinan las viñas, pues nuestras viñas están en flor.» (Cant 2:15) El punto es que las pequeñas cosas importan: forman y reflejan tu actitud.

Nuestra conducta importa. Nuestra conducta importa a nuestras familias, para quien modelamos a Cristo y expresamos nuestros compromisos más profundos. Es importante para nuestros vecinos, de quienes somos testigos y trabajamos por la paz. Es importante para Dios, quien le dio a Moisés la ley, en quién ponemos nuestra fe y de quién dependemos para nuestra salvación. Nuestra conducta importa.

∞

Dios Eterno,

Te alabamos por la belleza de la tierra, la frescura del viento, la vitalidad del mar y el calor de la tierra seca. Has creado el cielo y la tierra para tu gloria y nuestro beneficio—te lo agradecemos.

Confesamos que con demasiada frecuencia decimos una cosa y hacemos otra. Sálvanos de nuestra propia hipocresía.

Confesamos que con demasiada frecuencia hemos pasado por alto las necesidades de nuestros vecinos y hemos predicado sobre sus defectos. Convierte nuestros corazones a tu verdad para que podamos mostrar tu gracia.

Confesamos que con demasiada frecuencia hemos actuado demasiado rápido sobre nuestros prejuicios y velado tu misericordia.

Concédenos corazones bondadosos y mentes abiertas.

Confesamos que con demasiada frecuencia nos hemos centrado en nosotros mismos y nos hemos protegido de los demás. Enséñanos la hospitalidad.

Confesamos que con demasiada frecuencia nos hemos resistido al cambio por terquedad y hemos descuidado las necesidades de nuestros propios jóvenes. Danos ojos que vean y oídos que escuchen.

Confesamos que demasiado frecuencia hemos juzgado demasiado rápido y juzgado imprudentemente. Concédenos la mente de Cristo.

Perdónanos nuestros muchos pecados. Guíanos para hacer las paces. Cura las heridas que nos separan unos de otros y restáuranos tu reino.

A través del poder del Espíritu Santo y en el nombre de Jesús, Amén.

∞

Pregunta
1. Nombra seis quejas de los no cristianos tienen sobre los cristianos. ¿Cuál consideras válida? ¿Cómo se relacionan con la santidad?
2. ¿Es la gracia un atributo humano o divino?
3. ¿Dios busca la transformación?
4. Nombra los dos tipos de leyes. ¿Cuál es más importante?
5. ¿Qué es la teoría de los cristales rotos y por qué nos importa?
6. ¿Cuál es el papel de sacrificios personales en nuestro testimonio?

Notas
1 James O. Wilson and George Kelling argued: "Crime is inevitable result of disorder. If a window is broken and left unrepaired, people walking by will conclude that no one cares and no one is in charge. Soon, more windows will be broken, and a sense of anarchy will spread from the building to the street it faces, sending the signal that anything goes. The idea is that crime is contagious." (White, 2004, 158).

PARTE C: TENSIÓN CON LOS DEMÁS

*E*n las últimas tres Bienaventuranzas, nos movemos a la tensión con otras personas. Jesús nos exhorta a compartir la paz de Dios, a ofrecer *Shalom* a quienes nos rodean y a esperar persecución y repulsión. Y Jesús nos pide que amemos a nuestros enemigos y que tratemos la hostilidad como una oportunidad para transformar vidas.

Debemos discipular nos unos a otros, como advierte el apóstol Pablo:

> Ahora bien, si sobre este fundamento alguien edifica con oro, plata, piedras preciosas, madera, heno, paja, la obra de cada uno se hará evidente; porque el día la dará a conocer, pues con fuego será revelada. El fuego mismo probará la calidad de la obra de cada uno. (1 Cor 3:12–13)

El fuego del refinador (Zac 13:9; Mal 3:2) apunta, por supuesto, al refinador mismo cuyas instrucciones emulamos dondequiera que nos lleve el viaje de la vida.

Al escribir sobre la travesía hacia el exterior, Nouwen (1975) ve nuestras relaciones con los demás pasando de la hostilidad a la hospitalidad. La hostilidad es algo natural, pero la hospitalidad es más un objetivo no realizado, lo que requiere que proporcionemos un lugar seguro para que otros se hagan amigos (e.g. Lc 7:36–50), como escribe el apóstol Pablo: «A los débiles me hice débil, para ganar a los débiles. A todos me he hecho todo, para que por todos los medios salve a algunos.» (1 Cor 9:22) Arriesgando la respuesta de la gente, en la Séptima Bienaventuranza Jesús nos pide que modelemos nuestras vidas según Dios y ofrezcamos *Shalom*, para convertirnos en pacificadores en un mundo que no conoce la paz.

7.0 HONRADOS SON LOS PACIFICADORES

7.1: Haz la Paz—Encarna *Shalom*

7.2: Príncipe de Paz

7.3: Trinidad de Paz

7.4: Paz en los Términos de Dios

7.1: Haz la Paz—Encarna Shalom

*Honrados los que procuran la paz,
pues ellos serán llamados hijos de Dios.*
(Mt 5:9)

El Jardín de Edén empieza como una pintura del *Shalom* de Dios cuya armonía se hizo añicos cuando Satanás tentó a Adán y Eva a comer del árbol del conocimiento del bien y del mal. Cuando Adán y Eva decidieron comer del árbol, mostraron más confianza en Satanás que en Dios. Esta confianza rota destrozó su relación íntima con Dios y Dios maldijo a Satanás diciendo:

> Pondré enemistad Entre tú y la mujer, Y entre tu simiente y su simiente; él te herirá en la cabeza, y tú lo herirás en el talón. (Gen 3:15)

Dios luego expulsó a Adán y Eva del Jardín del Edén (Gen 3:24). El pecado de Adán y Eva en Edén originó nuestra tensión con Dios—la enemistad parece como una palabra de tensión de 50 centavos.

La necesidad de hacer la paz siguió en la primera generación posterior al Edén, cuando leemos:

> Caín se enojó mucho y su semblante se demudó. Entonces el SEÑOR dijo a Caín: ¿Por qué estás enojado, y por qué se ha demudado tu semblante? Si haces bien, ¿no

> serás aceptado? Pero si no haces bien, el pecado yace a la puerta y te codicia, pero tú debes dominarlo. (Gen 4:5–7)

Dios vio a Caín enojado con su hermano, Abel, y le aconsejó que evitara el pecado controlando su ira (Gen 4:6–7). Incapaz de controlar su ira, Caín ignoró el consejo de Dios y asesinó a Abel, mostrando tensión dentro de sí mismo, con Dios, y con su hermano. Jesús cita esta historia en el Sermón del Monte donde vincula ira con asesinato (Mt 5:21–26).

En la historia de Caín y Abel, Dios modela el hacer de la paz, un atributo divino y titulo mesiánico (Is 9:6–7) aconsejar el autocontrol, evitar pecado, y ayudar a los demás. Al hacerlo, Dios encarna *Shalom* (Guelich 1982, 92). La palabra hebrea, *Shalom*, significa «integridad, solidez, bienestar, paz» (BDB 10002). La palabra griego para *Shalom* tiene un alcance similar, pero más a menudo se centra en «concordia, paz, armonía» (BDAG 2285). La palabra paz en inglés esta casi exclusivamente centrada en la ausencia de guerra y requiere extender la definición para abarcar *Shalom*, lo que mitiga las tres dimensiones de tensión. Por ejemplo, podemos hablar sobre paz interior y bienestar, pero la paz en sí misma es demasiado estrecha para compararla con *Shalom*.

Hacer paz es un motivo importante en el Sermón del Monte. Hacer paz anticipa las dos Bienaventuranzas siguientes y proporciona un contexto para la enseñanza posterior sobre el amor, donde Jesús ordena:

> Pero yo les digo: amen a sus enemigos y oren por los que los persiguen, para que ustedes sean hijos de su Padre que está en los cielos; porque el hace salir su sol sobre malos y buenos, y llover sobre justos e injustos. Porque si ustedes aman a los que los aman, ¿qué recompensa tienen? ¿No hacen también lo mismo los recaudadores de impuestos? Y si saludan solamente a sus hermanos, ¿qué hacen más que otros? ¿No hacen también lo mismo los Gentiles (los paganos)? Por tanto, sean ustedes perfectos como su Padre celestial es perfecto. (Mt 5:44–48)

Noten el paralelo aquí entre amen a sus enemigos y hacer paz y como Dios modela ambas actividades. Otras aplicaciones de *Shalom* aparecen en la enseñanza de Jesús, como encontramos en Mateo 10:

> 1. Y si la casa es digna, que su saludo de paz venga sobre ella; pero si no es digna, que su saludo de paz se vuelva a ustedes. (Mt 10:13)
>
> 2. No piensen que vine a traer paz a la tierra; no vine a traer paz, sino espada. (Mt 10:34)

En hebreo, *Shalom* se usa para decir tanto hola como adiós, pero la idea de llevarlo junto contigo sugiere algo más como hospitalidad. La hospitalidad divina, la idea de paz en la tierra, sugiere una interpretación más política—paz como una ausencia de conflicto entre naciones—donde hacer paz puede ser positivo o negativo dependiendo sobre el objetivo de ello. En el primer siglo en Israel, por ejemplo, *Pax Romana* (traducido como paz romana) prometió tranquilidad, pero se administró a través de una ocupación brutal, no lo que normalmente asociamos con la paz. La clave es preguntar cuál es el objeto de la paz: ¿justicia, integridad o mantenimiento de privilegios? (Neyrey 1998, 184)

El contexto de hacer paz es importante para comprender la potencia transformadora de la tensión. Escucha la tensión en las palabras de Jesús a los discípulos:

> La paz les dejo, Mi paz les doy; no se la doy a ustedes como el mundo la da. No se turbe su corazón ni tenga miedo. (Jn 14:27)

Jesús consoló a sus discípulos después de su crucifixión en medio del miedo y la incertidumbre ofreciéndoles *Shalom*. Pero, él fue aún más lejos. En la muerte expiatoria de Cristo en la cruz, derrotó al pecado y nos ofreció la paz con Dios.

∞

Padre compasivo,

Doy gracias por los paseos que hemos compartido durante los días de verano de mi juventud: los senderos del bosque que recorrimos juntos; los picos de las montañas que me mostraste; las playas de arena que seguían y seguían. Me tomaste de la mano, pero me dejaste guiar y me consolaste todo el tiempo. Me preocupaba el sol excesivo o la lluvia, o la mejor manera de divertirme—gracias. A medida que pasaron los años, nunca me dejaste—gracias. Enséñame ahora a caminar de nuevo en el otoño de mis días: recorrer caminos aún sin recorrer con manos jóvenes ansiosas por la travesía; para ofrecer paz y seguridad, comodidad y hospitalidad en desacuerdo con mi naturaleza, pero no con la tuya.

Estar siempre cerca a través del poder de tu Espíritu Santo y en el nombre de Jesús, Amén.

∞

Preguntas
1. ¿Dónde comienza la desarmonía (ausencia de paz)?
2. ¿Quién fue el primer pacificador en la Biblia?
3. ¿Cuál fue el problema de Caín? ¿Cuáles fueron los componentes de la pacificación divina?
4. Define *Shalom*. ¿Cómo se compara con las traducciones al griego y al español? ¿Cómo es *Shalom* transformativo?

5. ¿Cómo puede Jesús mandarnos a amarnos los unos a los otros?

6. ¿Por qué es el sacrificio expiatorio de Cristo en la cruz un acto de pacificación?

7.2: Príncipe de Paz

*Porque un Niño nos ha nacido, un Hijo nos ha sido dado,
y la soberanía reposará sobre Sus hombros.
Y se llamará Su nombre Admirable Consejero,
Dios Poderoso, Padre Eterno,
Príncipe de Paz.* (Is 9:6)

Shalom, definido como «integridad, solidez, bienestar, paz» (BDB 10002), es un atributo divino mayormente fuera del alcance de los Libros de la Ley, donde el conflicto fraternal, no el amor fraternal, era la norma. En los Libros de la Ley, el conflicto entre Caín y Abel sobre el culto apropiado fue seguido por un conflicto entre Jacob y Esaú sobre l derecho de nacimiento y la herencia (Gen 25:26–34). Más tarde, el conflicto entre José y sus hermanos sobre el favoritismo de su padre se hizo tan intenso que los hermanos de José lo vendieron en esclavitud (Gen 37:2–28). En el mundo antiguo, el conflicto entre hermanos se consideraba una forma extrema de traición, al igual como el conflicto conyugal se percibe hoy (Hellerman 2001, 39–40). Este conflicto fraternal resalta la ausencia de *Shalom* y la necesidad de intervención divina.

Esta necesidad de intervención divina aparece incluso en la historia de un joven Moisés, quien intentó sin éxito reconciliar dos de sus hermanos hebreos.

> En aquellos días, crecido ya Moisés, salió a donde sus hermanos y vio sus duros trabajos (sus cargas). Vio a un egipcio golpeando a un hebreo, a uno de sus hermanos. Entonces miró alrededor y cuando vio que no había nadie, mató al egipcio y lo escondió en la arena. Al día siguiente salió y vio a dos hebreos que reñían, y dijo al culpable: ¿Por qué golpeas a tu compañero? ¿Quién te ha puesto de príncipe o de juez sobre nosotros? le respondió el culpable. ¿Estás pensando matarme como mataste al egipcio? Entonces Moisés tuvo miedo, y dijo: Ciertamente se ha divulgado lo sucedido. Al enterarse Faraón de lo que había pasado, trató de matar a Moisés. Pero Moisés huyó de la presencia de Faraón y se fue a vivir a la tierra de Midián, y allí se sentó junto a un pozo. (Ex 2:11–15)

Al igual que Dios intentó reconciliar Caín y Abel, Moisés intentó reconciliar dos de sus hermanos hebreos, pero su esfuerzo falla porque su propio pecado, el asesinato, se interpuso en el camino.

En los Libros de los Profetas, la paz permanece fuera del alcance a medida que surgen dos tipos dominantes de conflicto.

El primer tipo de conflicto surgió entre la nación de Israel y Dios porque repetidamente desobedecieron el pacto de Moisés, como se anticipó en Deuteronomio:

> Y sucederá que cuando todas estas cosas hayan venido sobre ti, la bendición y la maldición que he puesto delante de ti, y tú las recuerdes en todas las naciones adonde el SEÑOR tu Dios te haya desterrado, y vuelvas al SEÑOR tu Dios, tú y tus hijos, y le obedezcas con todo tu corazón y con toda tu alma conforme a todo lo que yo te ordeno hoy, entonces el SEÑOR tu Dios te hará volver de tu cautividad, y tendrá compasión de ti y te recogerá de nuevo de entre todos los pueblos adonde el SEÑOR tu Dios te haya dispersado. (Dt 30:1-3)

Si la nación de Israel obedeció el pacto (practicaba santidad), Dios prometió perdonarlos y reunirlos; entonces, si ignoraban el pacto, Dios destruiría la nación y dispersaría la gente. Para recordarle a la gente sus obligaciones del pacto, Dios envió profetas repetidamente, como Jeremías, para advertirles de sus pecados:

> Sus casas serán entregadas a otros, junto con sus campos y sus mujeres; porque extenderé mi mano contra los habitantes de esta tierra, declara el SEÑOR. Porque desde el menor hasta el mayor, Todos ellos codician ganancias, y desde el profeta hasta el sacerdote, todos practican el engaño. Curan a la ligera el quebranto de mi pueblo, diciendo: paz, paz, pero no hay paz. (Jer 6:12-14)

Aquí, los codiciosos profetas y sacerdotes, que dan la espalda al pecado, llevan a la nación a entrar en conflicto con Dios y el juicio.

En los tiempos nuestros, Bonhoeffer escribió sobre el problema de gracia barata—falso perdón para falsa confesión, diciendo: «Barata gracia significa gracia como una doctrina, un principio, un sistema. Significa perdonar pecados proclamándolo como una verdad general, el amor de Dios enseñado como la concepción cristiana de Dios.»[1] Por el contrario, la gracia costosa requiere la confesión personal del pecado y el verdadero discipulado. (Bonhoeffer 1995, 43–45).

El segundo tipo de conflicto era interno a la nación de Israel, donde los reyes se comportaban mal mas frecuentes que no y se desviaron de la fe en Dios.

Por ejemplo, cuando Rey Roboam, hijo de Salomón, fue coronado rey, se le pidió que redujera la pesada carga fiscal impuesta por su padre. Los asesores de su padre le aconsejaron que redujera los impuestos, pero sus amigos aconsejaron impuestos aún más altos. Cuando aumentó los impuestos, diez tribus se rebelaron, dejando a Roboam solo con las dos tribus del sur, Judá y Benjamín. Las otras diez tribus formaron un nuevo reino conocido como Israel, que coronó a Jeroboam como rey de Israel. Jeroboam, que temía que las personas que visitaban Jerusalén para la adoración religiosa eventualmente regresaran a Roboam, estableció sitios de adoración alternativos y fabricó nuevos ídolos de becerros de oro (1 Re 12), acciones que luego se denominaron los pecados de Jeroboam (e.g. 1 Re 14:16). Debilitados por esta división, ambos reinos fueron destruidos más tarde y las personas fueron exiliadas.

No solo dividió Roboam a la nación de Israel a través de su administración codiciosa y tonta (1 Re 12:14), más tarde abandonaba el Ley de Moisés y se vio obligado, como consecuencia, a convertirse en vasallo de Shishak, el rey de Egipto (2 Par 12:1–2). La animosidad entre los reinos del norte y del sur continuo hasta los tiempos del Nuevo Testamento cuando los judíos discriminaban abiertamente contra los Samaritanos—parte del reino del norte. Observe cómo el conflicto entre las dos naciones rápidamente condujo a la idolatría (Jer 1:15–16) y, por inferencia, a la tensión con Dios. El aumento de la tensión con nuestro prójimo conduce a tensión con Dios e incluso con nosotros mismo, a medida que nos esforzamos por tener nuestro propio camino.

La esperanza de liberación del conflicto en el

Antiguo Testamento surgió, en parte, a través de textos, como Isaías 9:6-7, que vinculan al Mesías y al cielo con la idea de *Shalom*: «Admirable Consejero, Dios Poderoso, Padre Eterno, Príncipe de Paz.» *Shalom* es valioso porque es raro y porque ofrece una visión del cielo, como lo ve el profeta Isaías:

> El lobo morará con el cordero, y el leopardo se echará con el cabrito. El becerro, el leoncillo y el animal doméstico andarán juntos, y un niño los conducirá. (Is 11:6)

En la visión de Isaías, el fin de la depredación animal y la imagen de un niño pequeño jugando sin miedo entre animales peligrosos, sugiere un regreso al Edén y el estallido de *Shalom*, una señal del poderoso trabajo de Dios entre nosotros.

∞

Admirable Consejero, Dios Poderoso, Padre Eterno, Príncipe de Paz,

Oh Señor, para ser como tú: fuerte y sabio, paciente y amante de la paz.

Oh, ser un guardián del pacto, confiable y estable, un pilar contra el viento.

Oh, para ofrecer misericordia y gracia y paciencia y amor

y verdad a todos los que se aceran:

hospitalidad en el desierto; paz en medio de la confusión; seguridad cuando la incertidumbre desgarra el alma.

Oh Señor, para ser como tú; para ser como tú.

Recuérdanos, Señor, pero olvida el pecado que agota nuestras fuerzas, nos deja necios, nos impacienta y crea disensión.

Recuérdanos, Señor, pero perdona nuestras transgresiones.

Recuérdanos, Señor, pero limpia nuestra iniquidad que nos deja críticos y arrogantes y en desacuerdo con todas las cosas buenas y verdaderas.

Recuérdanos, Señor, para que no nos olvidemos de nosotros mismos.

En el poder de tu Espíritu Santo concédenos un nuevo día y la fuerza para vivirlo en una nueva manera siguiendo el ejemplo de tu hijo y nuestro salvador, Jesucristo, Amén.

∞

Preguntas
1. ¿Es *Shalom* algo común en el Antiguo Testamento?
2. ¿Por qué vemos conflicto en el Antiguo Testamento tan frecuentemente entre los hermanos?
3. ¿Era Moisés un pacificador exitoso?
4. Nombra dos tipos de conflictos que observamos en el Antiguo Testamento.
5. ¿Por qué es el establecimiento de la paz un atributo

mesiánico?

Notas

1 Bonhoeffer wrote: "Cheap grace means grace as a doctrine, a principle, a system. It means forgiveness of sins proclaimed as a general truth, the love of God taught as the Christian 'conception' of God." (Bonhoeffer 1995, 43–45).

7.3: Trinidad de Paz

Paz a ustedes;
como el Padre me ha enviado,
así también yo los envío.

(Jn 20:21)

Cuando nos enfocamos únicamente en la paz como reconciliación entre las luchadas personas—aliviando la tensión con nuestros hermanos y hermanas, perdemos el significado de la paz de Dios—*Shalom*—que se encuentra través de las escrituras. Recuerda que *Shalom* significa «integridad, solidez, bienestar, paz» (BDB 10002). También implica curación, restauración, reconciliación, y salvación—no solo hola y adiós (como se usa a menudo en hebreo), sino un regreso al Edén. *Shalom* implica la paz interior, paz con Dios, y paz entre hermanos y hermanas—una trinidad de paz.

Si esta interpretación trinidad de paz parece exagerada, recuerde que las Bienaventuranzas y el sermón de Jesús en Nazaret (Lc 4:14–21) comienzan con las palabras del Profeta Isaías:

> El Espíritu del Señor DIOS está sobre mí, porque me ha ungido el SEÑOR para traer buenas nuevas a los afligidos. Me ha enviado para vendar a los quebrantados de corazón, para proclamar libertad a los cautivos y

> liberación a los prisioneros; para proclamar el año favorable del SEÑOR, y el día de venganza de nuestro Dios; para consolar a todos los que lloran, para conceder que a los que lloran en Sion se les dé diadema en vez de ceniza, aceite de alegría en vez de luto, manto de alabanza en vez de espíritu abatido; para que sean llamados robles de justicia, plantío del SEÑOR, para que El sea glorificado. (Is 61:1-3)

Note la paz interior a la que hace referencia la frase: «vendar a los quebrantados de corazón;» observe que la paz con Dios hace referencia a la frase: «El Espíritu del Señor DIOS está sobre mí;» Observe que la paz con hermanos y hermanas hace referencia a la frase: «Para proclamar libertad a los cautivos.» En efecto, Dios mismo ha iniciado una trinidad de paz—paz interior, paz con Dios, y paz entre hermanos y hermanas—que estalló con la venida de Cristo, como profetizó Isaías y a la que ahora nos dirigiremos.

Paz Interior

¿Qué podría traer paz más rápidamente que la sanidad física y mental, como lo atestiguan los milagros de Jesús? El primer milagro de Jesús después de abandonar Nazaret ocurre en la sinagoga en Capernum, la ciudad natal de Pedro, donde Jesús expulsa a un demonio de un hombre (Lc 4:31-38). Después de que ese hombre fue sanado, el ministerio de liberación del demonio se convierte en algo común (Lc 4:41).

La sanidad de Jesús transformó una persona tan dramáticamente que fue obvio únicamente de solo mirarla, como atestiguamos con la sanidad del hombre con un espíritu inmundo en los Gerasenes: «Vinieron a Jesús, y vieron al que había estado endemoniado, sentado, vestido y en su cabal juicio, el mismo que había tenido la legión; y tuvieron miedo.» (Mc 5:15) El hombre sanado se convierte inmediatamente en un evangelista (Mc 5:20), al igual que la mujer en el pozo (Jn 4:28-30), porque la presencia de Dios—el *Shalom* de Dios—es una noticia que no podemos guardar para nosotros mismos.

Paz con Dios

Muchas personas hoy toman que paz con Dios por sentado, como si los pecados de las personas y la ira de Dios no tuvieran de repente ninguna consecuencia. Sin embargo, la biblia nos recuerda que Jerusalén fue destruido primero por los babilonios y luego por los romanos en respuesta al pecado de rechazar, ignorar, y matar los profetas (Mt 23:34-47); eventos provocados por el pecado y la respuesta de Dios al mismo.

Este problema de pecado persiste. En el Antiguo Testamento, los profetas recordaban la gente a sus obligaciones bajo del pacto mosaico—en otras palabras, su pecado. En el Nuevo Testamento, Jesucristo expía nuestro pecado con su muerte en la cruz, como escribe Pablo:

> Porque yo les entregué en primer lugar lo mismo que recibí: que Cristo (el Mesías) murió por nuestros pecados, conforme a las Escrituras; que fue sepultado y que resucitó al tercer día, conforme a las Escrituras; que se apareció a Cefas (Pedro) y después a los doce. (1 Cor 15:3–5)

De primera importancia, el sacrificio expiatorio de Cristo hace la paz con Dios posible. Si afirmamos que no tenemos pecado (o negamos su importancia) y nos negamos a reconocer el sacrificio expiatorio de Cristo, entonces nuestro pecado y culpa permanecen.

¿Si el pecado impenitente condujo a la destrucción del templo y la ciudad de Jerusalén, entonces porque perdonaría Dios a la gente de impenitente o pecaminoso en Corinto o, en realidad, en Washington o Nueve York?

El pecado todavía importa y los impenitentes aún deben enfrentar el juicio ante un Dios colérico, pero:

«Porque de tal manera amó Dios al mundo, que dio a su hijo unigénito (único), para que todo aquél que cree en el, no se pierda, sino que tenga vida eterna.» (Jn 3:16) Dios proveyó nuestra salvación a través de la muerte de Jesús en la cruz que nos lleva a la paz con él.

Paz con los Demás

Pensamos normalmente sobre la paz en términos de reconciliación, en parte, porque la paz en la tierra es muy difícil de obtener. El apóstol Pablo amonesta: «Si es posible, en cuanto de ustedes dependa, estén en paz con todos los hombres.» (Rom 12:18) Aquí Pablo está centrando en conflicto interpersonal, no el más generoso *Shalom* de cristianos que vemos, por ejemplo, en el primer milagro de Jesús donde rescata la boda de una pareja de recién casados empobrecidos de la vergüenza social:

> Y había allí seis tinajas de piedra, puestas para ser usadas en el rito de la purificación de los judíos; en cada una cabían dos o tres cántaros (unos 100 litros). Jesús les dijo: Llenen de agua las tinajas. Y las llenaron hasta el borde. Entonces les dijo: Saquen ahora un poco y llévenlo al mayordomo. Y se lo llevaron. El mayordomo probó el agua convertida en vino, sin saber de dónde era, pero los que servían, que habían sacado el agua, lo sabían. Entonces el mayordomo llamó al novio, y le dijo: Todo hombre sirve

primero el vino bueno, y cuando ya han tomado bastante, entonces el inferior; pero tú has guardado hasta ahora el vino bueno. (Jn 2:6–10)

Observe que el milagro de Jesús tiene una dimensión cuantitativa y una cualitativa. Cuantitativamente, estamos hablando de mucho vino: seis veces cien son seiscientos litros de vino. Cualitativamente, el mayordomo, cuyo papel es monitorear los estándares de hospitalidad, está sorprendido por la calidad del vino. Cuantitativa y cualitativamente, la generosidad de Jesús permitió que esta joven pareja evitara la vergüenza social y viviera en paz dentro de su comunidad.

Como en la boda en Caná, Jesús ofrece mucha más paz de la que esperamos o merecemos.

∞

Gran Médico, Príncipe de Paz, Señor del Sábado,
¿Dónde podemos encontrar *Shalom* sino contigo? Espíritu Santo concédenos tu paz. Como nuestros cuerpos están en guerra dentro de nosotros . . . Queremos estar llenos de paz, pero llenamos nuestros estómagos con impaciencia más allá de lo necesario, tomamos imprudentemente píldoras para las más mínimas dolencias y hablamos incansablemente de religión sin dejar espacio para tí en

nuestros apretados horarios. Sana nuestros corazones, cuerpos, y mentes; concédenos tu paz.

¿Dónde podemos encontrar *Shalom* sino contigo? Padre gentil concédenos tu paz. Mientras descuidamos nuestra comunión contigo . . . Querremos ser fieles adoradores, sirvientes, y ministros. Te servimos, pero nos enfocamos más en conseguir nuestro propio camino, construyendo infielmente ídolos de cosas grandes y pequeñas, con la total insensatez de sobornarte y controlarte. Perdona nuestro pecado; mira más allá de nuestras transgresiones; perdona nuestra iniquidad.

¿Dónde podemos encontrar *Shalom* sino contigo? Jesús concédenos tu paz. Cuando nuestras relaciones están quebrantadas . . . Queremos ser hijos, padres y cónyuges fieles, no buscando más de los demás que de nosotros mismos. Sana nuestras familias y relaciones; concédenos tu paz.

En el precioso nombre de Jesús, Amén.

∞

Preguntas
1. ¿Por qué es el concepto de *Shalom* importante para interpretar el Antiguo Testamento?
2. ¿Dónde se registra el sermón del llamado de Jesús y en qué pasaje del Antiguo Testamento se basa?

3. ¿Cómo explicarías la frase: «para vendar a los quebrantados de corazón?»
4. ¿Cómo se relacionan hacer paz y sanar?
5. ¿Por qué tuvieron miedo los testigos de la sanidad del hombre con el espíritu inmundo en los Gerasenos?
6. ¿Cómo sabían que había sido sanado?
7. ¿Qué considera el apóstol Pablo como «en primer lugar» en 1 Corintos 15:3? ¿Por qué?
8. ¿Por qué es importante para nosotros hoy día la destrucción de Jerusalén en el año 70 d. C.?
9. ¿Necesitamos paz con Dios?

7.4: Paz en los Términos de Dios

> *Pero el fruto del Espíritu es amor, gozo, paz, paciencia, benignidad, bondad, fidelidad, mansedumbre, dominio propio; contra tales cosas no hay ley.*
> (Gal 5:22–23)

Reciba *Shalom*; extienda *Shalom*. *Shalom* comienza con Dios; trabaja en nuestros corazones; y luego se extiende a otros, al igual que otros frutos del Espíritu (Gal 5:22–23). Y así como la manzana no cae lejos del árbol, cuando encontramos nuestra identidad en Cristo, su ejemplo se desarrolla en nuestras vidas. «Honrados los que procuran la paz, pues ellos serán llamados hijos de Dios.» (Mt 5:9)

La antigua iglesia se inspiró en el grupo familiar patrilineal, lo que implica que todos somos hermanos y hermanas con un solo padre eterno. (Mt 23.9). Jesús mismo aludió a este modelo familiar (Hellerman 2001).

Incluso para los niños obedientes, pasar de la teoría a la práctica es difícil. En lugar de hacer paz, preferimos una forma de paz egotista—paz en nuestros términos. *Pax Romana* fue paz en términos romanos; *Pax Americana* es paz en los términos de Washington; *Shalom* es paz en los términos de Dios.

Como fruto del Espíritu, *Shalom* es el único fruto del espíritu que debe disfrutarse junto con todos los demás, como el apóstol Pablo observa:

> Ahora bien, las obras de la carne son evidentes, las cuales son: inmoralidad, impureza, sensualidad, idolatría, hechicería, enemistades, pleitos, celos, enojos, rivalidades, disensiones, herejías, envidias, borracheras, orgías y cosas semejantes, contra las cuales les advierto, como ya se lo he dicho antes, que los que practican tales cosas no heredarán el reino de Dios. Pero el fruto del Espíritu es amor, gozo, paz, paciencia, benignidad, bondad, fidelidad, mansedumbre, dominio propio; contra tales cosas no hay ley. Pues los que son de Cristo Jesús han crucificado la carne con sus pasiones y deseos. (Gal 5:19–24)

Para pasar de la pasión carnal a la paz interior, son necesarios dos movimientos: deshacerse del pecado (volverse santo) y asumir la piedad (imitar a Dios), ambos a través del Espíritu Santo. A través de confesión de pecado, nos movemos a deshacernos del pecado; al modelarnos a nosotros mismos en Cristo, movemos para asumir su rectitud. Ambos movimientos traen paz en nuestras relaciones en la familia, la comunidad, la iglesia, el trabajo, y el mundo (Graham 1955, 92–95).

La paz de Cristo, expresada en la Séptima

Bienaventuranza, me conmovió el 4 de agosto de 1972 para escribir la siguiente declaración en mi comisión de reclutamiento:

> No puedo pelear en una guerra porque como cristiano mi mayor deber es seguir las enseñanzas de Jesucristo. Creo que la vida es un sagrado regalo de Dios lo que es estar honrado y respetado por todo el mundo. Creo que cada persona ha hecho una contribución constructiva para la humanidad y que cada persona tiene el derecho a completar este destino. Creo que hay una belleza en toda la vida y que debemos usar el amor, la preocupación y los métodos no violentos para resolver nuestros conflictos. Creo que toda la humanidad es un todo indivisible y que la vida de cada persona es importante para la vida del todo. Debo vivir en paz para mantener mi fe.[1]

En la víspera de Año Nuevo de ese año, se firmó un acuerdo de paz, la participación de Estados Unidos en la Guerra de Vietnam terminó y mi número de reclutamiento (13) nunca fue llamado. Llamado o no, mi vida cambió para siempre. Mi oposición a la guerra se extendió a mi vida familiar e influyó en mis decisiones profesionales posteriores (Neyrey 1998, 184).

Las decisiones sobre la guerra de Vietnam dividieron a muchas familias en las décadas de los 1960 y 1970, pero la oposición a la guerra no condujo a una paz duradera. La paz en los términos de Dios requiere más que tratados de paz y cambios en los gobiernos. Como cristianos, debemos buscar la paz dentro de nosotros mismos, con Dios y con los demás a diario. Puede que la paz mundial no esté a nuestro alcance, pero al igual que el buen samaritano (Lc 10: 25–37) podemos, al menos, expresar el amor de Cristo a la persona necesitada que se cruza en nuestro camino (Cloud and Townsend 1992, 38–39).

∞

Dios Santo y Glorioso,

En el poder de tu Espíritu Santo, ayúdanos a separarnos de la inmoralidad, impureza, sensualidad, idolatría, hechicería, las enemistades, los pleitos, celos, enojos, las rivalidades, disensiones, herejías, envidias, borracheras, y orgías. A través del ejemplo de Jesucristo, persuádenos y invítanos a que busquemos los frutos del Espíritu para practicar un espíritu de amor, gozo, paz, paciencia, benignidad, bondad, fidelidad, mansedumbre, y dominio propio (Gal 5:19–24). Crucifica las pasiones de la carne que crecen naturalmente en nosotros. Que la paz en tus términos se convierta en paz en nuestros términos y que podamos compartirla con quienes nos rodean. En el nombre precioso de Jesucristo, Amen.

∞

Preguntas
1. ¿Cómo hacer de la paz apunta a Dios?
2. ¿Qué es Pax Romana? ¿Por qué se plantea una historia de advertencia para nosotros?
3. ¿Cómo caracterizaría la rectitud de Cristo?
4. ¿Cuáles son las lecciones de Vietnam?
5. ¿Cuál es la lección del Buen Samaritano?

Notas
1 "I cannot fight in a war because as a Christian my highest duty is to follow the teachings of Jesus Christ. I believe that life is the sacred gift of God which is to be honored and respected by everyone. I believe that every person has a constructive contribution to make to humanity and that each person has the right to fulfill this destiny. I believe there is a beauty in all life and that we should use love, concern, and non-violent methods to solve our conflicts. I believe all people are of one indivisible whole and that each person's life is important to the life of the whole. I must live in peace to uphold my faith."

8.0 HONRADOS SON LOS PERSEGUIDOS

8.1: Promueve Rectitud

8.2: Sufrimiento Justo

8.3: Paradoja Cristiana

8.4: Bendigan a los que los Persiguen

8.1: *Promueve Rectitud*

Honrada aquéllos que han sido perseguidos por causa de la justicia, pues de ellos es el reino de los cielos.

(Mt 5:10)

Para muchos cristianos, la persecución plantea una pregunta desconcertante: «¿Por qué se persigue a las personas buenas?» (Graham 1955, 98),[1] a lo que responde el Libro de Santiago:

> Tengan por sumo gozo, hermanos míos, cuando se hallen en diversas pruebas (tentaciones), sabiendo que la prueba de su fe produce paciencia (perseverancia), y que la paciencia tenga su perfecto resultado, para que sean perfectos y completos, sin que nada les falte. (Sant 1:2–4)

La paradoja del siervo sufriente en el corazón de la cosmovisión cristiana fue expresada por primera vez por el profeta Isaías: «Debido a la angustia de su alma, el lo verá y quedará satisfecho. Por su conocimiento, el justo, mi siervo, justificará a muchos, y cargará las iniquidades de ellos.» (Is 53:11) En efecto, lo que dice Santiago es que la persecución por causa de la justicia nos forma en santificación y nos marca como discípulos de Cristo, quien fue perseguido hasta la muerte.

Aquí la palabra griega para persecución significa: «hostigar a alguien, especialmente debido a las creencias, perseguir» (BDAG 2059.2)[2] y a menudo se asocia en el Antiguo Testamento con un compromiso militar perseguido vigorosamente (e.g. Dt 11:4). La palabra griega para rectitud significa: «la cualidad o característica del comportamiento recto, la rectitud, la justicia.» (Guelich 1982, 93)[3] Al igual que tenemos hambre y sed de justicia, esperamos que otros nos persigan, como las escrituras nos recuerdan (1 Pe 4:16).

La injusticia de la persecución de Jesús es notada por uno de los otros hombres que fueron crucificados con El (también Is 53) como lo registra el Evangelio de Lucas:

> Uno de los malhechores que estaban colgados allí le lanzaba insultos (blasfemias), diciendo: ¿No eres tú el Cristo? ¡Sálvate a ti mismo y a nosotros! Pero el otro le contestó, y reprendiéndolo, dijo: ¿Ni siquiera temes tú a Dios a pesar de que estás bajo la misma condena? Nosotros a la verdad, justamente, porque recibimos lo que merecemos por nuestros hechos; pero éste nada malo ha hecho. Y añadió: Jesús, acuérdate de mí cuando vengas en tu reino. Entonces Jesús le dijo: En verdad te digo: hoy estarás conmigo en el paraíso. (Lc 23:39–43)

Observe que en este relato se menciona tanto la idea de

persecución justa como la recompensa del cielo, como se citó en la octava Bienaventuranza.

La persecución (hasta la muerte) en el Antiguo Testamento empieza con la historia de Caín y Abel, donde Caín mata a Abel porque Dios aceptó el sacrificio justo de Abel y rechazó el suyo (Gen 4:3–9). La persecución después de la resurrección en el Nuevo Testamento comienza con la lapidación de Esteban quien acusó al Sanedrín de adoración falsa, persecución de los profetas, y asesinato del Mesías de Dios (Hch 7:48–53). La persecución es probablemente también nuestro destino, como el apóstol Pablo nos recuerda:

> ¿Quién nos separará del amor de Cristo? ¿Tribulación, o angustia, o persecución, o hambre, o desnudez, o peligro, o espada? Tal como está escrito: Por causa tuya somos puestos a muerte todo el día; somos considerados como ovejas para el matadero. Pero en todas estas cosas somos más que vencedores por medio de Aquél que nos amó. (Rom 8:35–37)

La persecución a menudo se edita de este pasaje en lecturas públicas, pero es fundamental para nuestra vida en Cristo.

Jesús nos recuerda que un estudiante no es mejor que su maestro—el fue perseguido; nosotros seremos perseguidos (Mt 10:24–25). Pero incluso en medio de la persecución, Jesús nos exhorta a—«amen a sus enemigos y oren por los que los persiguen» (Mt 5:44)—sugiriendo que la persecución es una oportunidad para el ministerio.

∞

Padre Todopoderoso,

Damos gracia por las muchas bendiciones que nos has dado. Entre estos dones están tu presencia, tu nombre, tu pacto de gracia y nuestra salvación en Jesucristo. Que podamos continuar ser bendecidos y bendecir a los demás (Gen 12:1–3). Santifícanos en tu rectitud para que seamos aptos mayordomos de tu gracia. Y si nuestra santificación incluye persecución, concédenos la fuerza para soportarla con dignidad y gracia. Y que alguna vez podamos permanecer en tu amor y compartirlo con otros hasta que nos volvamos a encontrar en la gloria. En el nombre de Jesús, Amén.

∞

Preguntas
1. ¿Cuál es el fruto de la prueba de nuestra fe, según el Libro de Santiago?
2. ¿Qué comentario hizo el criminal que estaba siendo crucificado con Jesús sobre su culpa?
3. ¿Cuál fue la primera historia de persecución religiosa en la Biblia?

4. ¿Por qué fue martirizado Esteban?
5. ¿Qué dice Jesús sobre los maestros y estudiantes en Mateo 10?

Notas

1 "Why are good people persecuted?" (Graham 1955, 98)

2 Here the Greek word for persecution means: "to harass someone, esp. because of beliefs, persecute" (BDAG 2059.2)

3 The Greek word for righteousness means: "the quality or characteristic of upright behavior, uprightness, righteousness." (Guelich 1982, 93)

8.2: Sufrimiento Recto

> *Y el SEÑOR dijo: Ciertamente he visto la aflicción de mi pueblo que está en Egipto, y he escuchado su clamor a causa de sus capataces, pues estoy consciente de sus sufrimientos.* (Ex 3:7)

La experiencia judía de Dios surge con frecuencia en el contexto del sufrimiento. En los libros de la Ley, Moisés sufrió viviendo como refugiado en el desierto y pastoreando las ovejas de su suegro lejos de su hogar y familia en Egipto. Exiliado de Egipto, avergonzado por su propio liderazgo inepto, y temeroso de ser procesado legalmente por asesinato, Moisés se encontró ante una zarza ardiente en la presencia de Dios (Ex 3:1), quien lo llamó para una nueva misión: «Ahora pues, ven y te enviaré a Faraón, para que saques a mi pueblo, a los Israelitas, de Egipto.» (Ex 3:10)

Egipto está en su corazón y en su mente, pero Moisés no salta a la idea de regresar a Egipto porque, después de haber asesinado a un egipcio, regresar implica un riesgo personal obvio. Mitigar los riesgos son tres garantías importantes que Dios le da a Moisés, que toma la forma de su presencia, su nombre, y su pacto (la Ley).

Presencia

La seguridad de la presencia de Dios es una bendición en la forma de consuelo, provisión, y protección—las cosas que Moisés carecía cuando intentaba dirigir a su pueblo sin la ayuda de Dios. Al revelar su presencia a Moisés, la incertidumbre de la misión en Egipto se reduce de inmediato (Rom 8:31) y su éxito está asegurado: «Ciertamente yo estaré contigo» (Ex 3:12). La presencia de Dios está más seguida cuando Dios revela su nombre y, más tarde, ofrece un pacto a Moisés.

El Nombre

La seguridad de conocer el nombre de Dios no era poca cosa en el mundo antiguo. Los antiguos creían que conocer el nombre de un dios le daba poder sobre ese dios. Cuando Dios le dijo a Moisés su nombre, estaba, como mínimo, ofreciéndole una línea directa de comunicación—oración personal—con Dios.

El significado del nombre del pacto de Dios también fue importante. En hebreo YHWH significa: «Yo seré quien yo seré» o «yo soy quien yo soy.» (Ex 3:14-15) La implicación aquí es que Dios es: UN DIOS REAL (que realmente existe) con REAL PODER (soberano en todo el universo, no solo del barrio). Dioses del barrio eran la norma en el anciano mundo, en parte, porque los líderes querían reclamar sus terrenos y buscaban su intervención (generalmente a través de sacrificios) en el mundo espiritual (e.g. Jue 11:30–40; 1 Re 12:26–29) Las intervenciones de Dios para ayudar a Moisés no eran poco usuales desde la perspectiva antigua, pero lo que fue poco usual fue que Dios viajó con Moisés fuera de Egipto y hacia la Tierra Prometida.

Pacto Ley

El pacto ayudó a asegurar la experiencia de Moisés de la presencia de Dios porque en el pacto Dios reveló su voluntad al pueblo de Israel, algo poco común en el mundo antiguo. La oración es realmente difícil cuando uno no sabe el nombre de un dios ni lo que ese dios desea. Dios le reveló a Moisés que él era tanto un hacedor de pactos como un guardián de pactos.

El pacto de Moisés comienza con un preámbulo: «Yo soy el SEÑOR tu Dios, que te saqué de la tierra de Egipto, de la casa de servidumbre (de la esclavitud).» (Ex 20:2). El preámbulo deja en claro que Dios se preocupa por el pueblo de Israel lo suficiente como para intervenir en su nombre y la Ley los instruye sobre cómo vivir en paz y justicia, haciendo que la presencia de Dios sea concreta en la vida diaria.

En los libros de los Profetas, nadie sufre más que Job a pesar de que el es un hombre justo: «Hubo un hombre en la tierra de Uz llamado Job. Aquel hombre era intachable (íntegro), recto, temeroso de Dios y apartado del mal.» (Job 1:1) Job es tan justo que incluso Dios se jacta de él ante Satanás: «¿Te has fijado en Mi siervo Job? Porque no hay ninguno como él sobre la tierra; es un hombre intachable (íntegro) y recto, temeroso de Dios y apartado del mal.» (Job 1:8) A lo que Satanás le pide permiso a Dios para probarlo y Dios le otorga permiso para que Satanás se lleve todo lo que Job tiene y lo aflija con un sufrimiento horrible (Job 1-2). En sufrimiento recto, Job siente una necesidad de buscar y confiar en Dios, en lugar de sus propios recursos, y, en su miseria, a buscar un salvador: «Yo sé que mi Redentor (Defensor) vive, y al final se levantará sobre el polvo.» (Job 19:25) Algunos creen que Moisés usó la historia del sufrimiento justo de Job para convencer al pueblo de Israel de que abandonara la esclavitud en Egipto, lo que haría del libro de Job el libro más antiguo de la Biblia (Geisler 2007, 189-195).

Este tema de la redención, de confiar únicamente en Dios, se repite en la historia de los amigos de Daniel, Sadrac, Mesac y Abed Nego. Cuando los amigos de Daniel se niegan a adorar al ídolo de oro del rey Nabucodonosor en lugar del único Dios verdadero, son arrojados al horno de fuego, como leemos:

> Pero estos tres hombres, Sadrac, Mesac y Abed Nego cayeron, atados, en medio del horno de fuego ardiente. Entonces el rey Nabucodonosor se espantó, y levantándose apresuradamente preguntó a sus altos oficiales: ¿No eran tres los hombres que echamos atados en medio del fuego? Así es, oh rey, respondieron ellos. ¡Miren! respondió el rey. Veo a cuatro hombres sueltos que se pasean en medio del fuego sin sufrir daño alguno, y el aspecto del cuarto es semejante al de un hijo de los dioses. (Dan 3:23-25)

El sufrimiento justo no solo nos lleva a confiar en Dios, sino que da testimonio de la gloria de Dios. Más tarde, Jesús vincula el sufrimiento justo a la vida eterna: «El que ha hallado su vida, la perderá; y el que ha perdido su vida por mi causa, la hallará.» (Mt 10:39)

∞

Dios Eterno y Compasivo,

Te agradecemos, Señor, por visitarnos cuando estamos afligidos y sufrimos injustamente. Porque eres un dios que se preocupa, que entiende nuestro dolor, nuestras heridas, nuestros dolores, nuestras enfermedades. Ponemos nuestras aflicciones ante ti pues no podemos soportarlas solos. Cura nuestras heridas, consuélanos en nuestras penas y líbranos de la enfermedad. Restáuranos, redímenos, sálvanos. Enséñanos a soportar las heridas, las penas y las enfermedades de quienes nos rodean y a señalarte. Enséñanos a interceder por las personas que nos rodean en acción y oración. Porque tú eres nuestro Dios y somos tu pueblo. Tu estas con nosotros; eres para nosotros; y nos has dado tu nombre. En el poder de tu Espíritu Santo, deja que nuestra seguridad resida solo en ti, ahora y siempre. En el nombre de Jesús, Amén.

∞

Preguntas
1. ¿Por qué cree que frecuentemente encontramos Dios en medio del sufrimiento?
2. Nombra tres recursos que Dios le proporcionó a Moisés en su retorno a Egipto.
3. ¿Qué es especial acerca de Dios al decirle a Moisés su nombre? ¿Qué sabemos sobre la presencia divina?
4. ¿Qué significa que Dios da a Moisés la ley?
5. Da dos razones que el sufrimiento de Job difiere de la mayoría de los nosotros.

6. ¿Qué tiene de especial el sufrimiento recto?

8.3: Paradoja Cristiana

El mismo llevó (cargó) nuestros pecados
en su cuerpo sobre la cruz,
a fin de que muramos al pecado y vivamos a la justicia,
porque por sus heridas fueron ustedes sanados.

(1 Pe 2:24)

Jesús nos enseña a practicar la humildad mientras buscamos rectitud, aunque si sufrimos vergüenza, persecución, y muerte, como lo hizo El en la cruz. Debido a que la muerte es la pena por el pecado (Gen 3:3), la muerte recta de Jesús en la cruz le permitió pagar la pena de nuestro pecado (1 Pe 2:24; 1 Cor 15:3) y su resurrección lo identificó como el hijo de Dios. Vincular el pecado con la pena de muerte es crítico para entender la obra expiatoria de Cristo en la cruz.

Jesús se refirió a sí mismo como el hijo de hombre. De los ciento ochenta y nueve versículos de la Biblia que usan este término, ochenta y nueve se encuentran en Ezequiel, que se refieren al profeta mismo. El término en hebreo literalmente significa «hijo de Adán» (Ez 2:1). En el pasaje más famoso en Daniel 7:13, la expresión hebrea es el más familiar «hijo de hombre.»

La muerte expiatoria de Cristo va en contra de

nuestra suposición habitual de que nuestra deuda por el pecado no es contra Dios sino contra nuestro prójimo. Por ejemplo, la discriminación, una forma de persecución contra nuestro prójimo, genera tensiones sobre la igualdad racial, étnica, de clase y de género, como el apóstol Pablo enseñó

> Porque todos los que fueron bautizados en Cristo, de Cristo se han revestido. No hay judío ni griego; no hay esclavo ni libre; no hay hombre ni mujer, porque todos son uno en Cristo Jesús. (Gal 3:27–28)

Ser uno en Cristo implica que modelamos nuestras vidas según la humilde vida y muerte de Cristo, de modo que la humildad reemplace el orgullo, la discriminación y la persecución en nuestras propias vidas, como se evidencia en el trato que damos a los demás.

Modelando la humildad, Jesús ofrece muchas alternativas a la violencia para enfrentar la persecución, incluyendo:

> 1. Pero Yo les digo: no resistan al que es malo; antes bien, a cualquiera que te abofetee en la mejilla derecha, vuélvele también la otra. (Mt 5:39)

> 2. Pero Yo les digo: amen a sus enemigos y oren por los que los persiguen, (Mt 5:44)

3. Y cualquiera que te obligue a ir un kilómetro, ve con él dos. (Mt 5:41)

4. No juzguen para que no sean juzgados. (Mt 7:1)

5. Pues den al César lo que es del César, y a Dios lo que es de Dios (Mt 22:21)

Negar a defenderse (el honor de uno) podría conducir a resultados peligrosos en un contexto legal del primer siglo porque se esperaba que uno ofreciera su propia defensa, pero es absolutamente necesario si la persecución se convierte en una oportunidad de ministerio, como se nos dice:

> Pero antes de todas estas cosas, a ustedes les echarán mano, y los perseguirán, entregándolos a las sinagogas y cárceles, llevándolos ante reyes y gobernadores por causa de mi nombre. Esto les dará oportunidad de testificar. (Lc 21:12–13)

Vemos este principio ilustrado de primera mano cuando Esteban se negó a ofrecer su propia defensa ante el Sanedrín y eligió en su lugar defender a Cristo (Hch 7).

Esteban fue el primero entre muchos mártires cristianos (Foxe 2001, 10), pero otros cristianos primitivos arriesgaron sus vidas en el testimonio vivo a través del servicio, ya que, durante una plaga en Alejandría en el tercero siglo, los cristianos se negaron a abandonar la ciudad y se quedaron para cuidar a los enfermos. Un ejemplo reciente de servicio sin temor se observó entre los médicos cristianos que trabajaban durante el brote de ébola en África occidental. Menos con la epidemia del SIDA[1] (Kinnaman and Lyons 2007, 110).

Una vida de servicio sin temor es posible porque en la resurrección de Cristo la vida sigue la muerte—el origen de la paradoja cristiana.

∞

Padre Amoroso,

Damos gracias por la vida y muerte de Jesús quien vivió una vida humilde y llevó nuestros pecados en la cruz.

Ayúdanos a practicar humildad y hospitalidad con todas las personas.

Ayúdanos a ponernos en la rectitud de Cristo y defender tu honor, no el nuestro.

Ayúdanos a pagar nuestras cuentas y nuestros impuestos, poner la otra mejilla, tratar a nuestros enemigos con amor y respeto, y juzgar las acciones, no las intenciones, de quienes nos rodean.

En todo lo que hacemos, ayúdanos a practicar la igualdad

racial, étnica, de clase y de género.

En el poder de su Espíritu Santo, que el conflicto, las disputas y los chismes terminen con nosotros.

En el nombre de Jesús, Amén.

∞

Preguntas

1. ¿Qué formas de igualdad aborda el apóstol Pablo en Gálatas 3:27–28?
2. ¿Qué tiene que ver el pecado con la muerte expiatoria de Cristo en la cruz?
3. ¿Por qué las enseñanzas de Jesús sobre la persecución estimulan la discusión? ¿Cuál enseñanza te aparece más controversial?
4. ¿Qué enseñó Jesús acerca de lidiar a los desafíos de honor?
5. ¿Hubo más mártires de la fe en el primer siglo que en la actualidad? ¿Por qué sí o por qué no?
6. ¿Qué tiene de especial históricamente la respuesta cristiana a las epidemias?
7. ¿Cuál es la paradoja cristiana?

Notas

1 Síndrome de Inmunodeficiencia Adquirida (SIDA). En ingles se dice AIDS.

8.4: Bendigan a los que los Persiguen

Bendigan a los que los persiguen.
Bendigan, y no maldigan.
(Rom 12:14)

Cada vez más en los Estados Unidos, los cristianos se encuentran como el blanco del aislamiento, la discriminación, la persecución y los disparos. Pocos olvidarán los disparos a una joven estudiante de secundaria en 1999 por profesar fe en Jesucristo, pero pasó otra vez en 2015.[1] Solo que, en 2015, una mujer fue encarcelada por defender públicamente los puntos de vista bíblicos sobre el matrimonio (Ellis y Payne, 2015); una iglesia fue el sitio de un tiroteo masivo (Wikipedia 2015a); y cristianos fueron decapitados públicamente por extremistas islámicos. De la cruz, «Jesús decía: Padre, perdónalos, porque no saben lo que hacen.» (Lc 23:34) Al igual que la crucifixión, la persecución nos recuerda quiénes somos, a quién pertenecemos y de qué se trata.

Quiénes Somos

La persecución vincula nuestra identidad con Cristo, como Jesús nos recuerda: «Regocíjense y alégrense, porque la recompensa de ustedes en los cielos es grande, porque así persiguieron a los profetas que fueron antes que ustedes.» (Mt 5:12) La persecución por causa de rectitud valida nuestra fe y nos coloca en compañía de los profetas.

A Quién Pertenecemos

Al igual como los profetas, somos ciudadanos del cielo (Flp 3:20) y extranjeros indocumentados aquí en la tierra, como el apóstol Pedro escribe:

> Ustedes en otro tiempo no eran pueblo, pero ahora son el pueblo de Dios; no habían recibido misericordia, pero ahora han recibido misericordia. Amados, les ruego como a extranjeros y peregrinos, que se abstengan de las pasiones carnales que combaten contra el alma. Mantengan entre los Gentiles (incrédulos) una conducta irreprochable, a fin de que en aquello que les calumnian como malhechores, ellos, por razón de las buenas obras de ustedes, al considerarlas, glorifiquen a Dios en el día de la visitación (del juicio). (1 Pe 2:10–12)

La conducta honorable y las buenas acciones nos marcan como cristianos para que el cuerpo de Cristo la gente vea algo diferente en nosotros, especialmente en la persecución (Is 51: 1).

De Qué Se Trata

La persecución es parte de la mezcla de pruebas que debemos esperar experimentar (Rom 8:34–39), como escribe el apóstol Pedro:

> ¿Y quién les podrá hacer daño a ustedes si demuestran tener celo por lo bueno? Pero aun si sufren por causa de la justicia, dichosos son. Y no tengan miedo por temor a ellos ni se turben, sino santifiquen a Cristo como Señor en sus corazones, estando siempre preparados para presentar defensa ante todo el que les demande razón de la esperanza que hay en ustedes. Pero háganlo con mansedumbre y reverencia, teniendo buena conciencia, para que en aquello en que son calumniados, sean avergonzados los que hablan mal de la buena conducta de ustedes en Cristo. Pues es mejor padecer por hacer el bien, si así es la voluntad de Dios, que por hacer el mal. (1 Pe 3:13–17)

¿Somos entusiastas de lo que es bueno? ¿Sufrimos por causa de la rectitud?

La persecución nos entrena para apoyarnos en Cristo, la fuente de nuestra bondad y rectitud, y no de nuestras propias habilidades, prejuicios y fortaleza.

Cuando Jesús nos enseña acerca de ser sal, se adjunta a una advertencia: «Ustedes son la sal de la tierra; pero si la sal se ha vuelto insípida, ¿con qué se hará salada otra vez? Ya no sirve para nada, sino para ser echada fuera y pisoteada por los hombres.» (Mt 5:13) Si perdemos la toca con Cristo, somos como una aspiradora desconectada que muestra potencial, pero no tiene poder: pisotear es una buena analogía para la persecución de una iglesia que ha perdido el rumbo.

∞

Dios de Todas las Maravillas,

Los cielos declaran tu gloria y somos testigos de ellos. Nuestros ojos han visto y nuestros oídos han oído hablar del esplendor de tu creación. Damos testimonio del amor que nos arrojaste cuando Jesús murió una muerte cruel en nuestro lugar y para nuestra salvación resucitó de entre los muertos. ¿Cómo pueden entonces nuestros labios estar en silencio? Somos ciudadanos del cielo y peregrinos en esta tierra. Enséñanos, Señor, a testificar en humildad tu amor por nosotros; a abstenernos de las pasiones de esta vida que hace guerra por nuestras almas; y a compartir tu pasión por nuestras vidas y salvación con gentileza y respeto. Si sufriéramos, que sea por tu reino y tu rectitud y no por nuestro propio pecado. En el poder de tu Espíritu Santo, ayúdanos a ser sal y luz. En el precioso nombre de Jesús y por su gloria, Amén.

∞

Preguntas
1. ¿Es la persecución de los cristianos un problema en Estados Unidos?
2. ¿Qué tres cosas nos recuerda la persecución?
3. ¿Qué advertencia ofrece Jesús cuando habla de la sal?

4. Según el apóstol Pablo, ¿cómo somos al ofrecer una defensa de la fe?
5. ¿Cómo nos ayuda la persecución a ordenar nuestras prioridades? ¿Cuál es nuestra primera prioridad?

Notas

1 http://www.CassiereneBernall.org. Also: (Saslow, Kaplan, and Hoyt, 2015).

9.0 HONRADOS SON LOS VITUPERADOS

9.1: La Persecución se Convierte Personal

9.2: El Sufrimiento a Menudo Anticipa La Salvación

9.3: La Persecución puede ser Transformadora

9.4: La Persecución y Letargo Espiritual

9.1: La Persecución se Convierte Personal

Honrados serán cuando los insulten y persigan,
y digan todo género de mal contra ustedes falsamente,
por causa de mí. (Mt 5:11)

La Novena Bienaventuranza es la ultima Bienaventuranza, la que repite la octava Bienaventuranza enfáticamente en contenido, intensidad, y posición. El paralelo en el evangelio de Lucas es aún más explícito: «Honrados son ustedes cuando los hombres los aborrecen, cuando los apartan de sí, los colman de insultos y desechan su nombre como malo, por causa del Hijo del Hombre.» (Lc 6:22) Una comentarista interpreta:[1]

> Las diferencias entre Mateo y Lucas reflejan diferentes escenarios en la misión de la Iglesia. La persecución es una expresión más general del comportamiento antagónico experimentado por la Iglesia en la misión, mientras que la exclusión bien puede referirse a la misión anterior y más específica dentro del entorno de la sinagoga. (Guelich 1982, 94)

Observe los verbos: vituperar, insultar, perseguir, calumniar: el énfasis nos grita, la tensión con los demás se intensifica y el objeto de este vitriolo cambia de la rectitud (en general) hacia mí (específicamente). La persecución genérica se ha convertido en un ataque personal (Wilkins 2004, 211). La tensión se amplifica por el cambio de la tercera persona (ellos) a la segunda persona (usted) (Neyrey 1998, 168). Esta intensificación se suma a la repetición de la octava Bienaventuranzas y además de ser la bienaventuranza final. El énfasis aquí simplemente grita.

En griego, el verbo vituperar, significa:[2] «Para encontrar culpa de manera que menosprecie a otro, reprochar, injuriar, burlarse, insultos como forma de avergonzar» (BDAG 5316.1). La forma del sustantivo significa:[3] «Pérdida de posición relacionada con el discurso despectivo, la desgracia, el reproche, el insulto.» (BDAG 5318)

El significado de estas palabras quizás fue intensificado por el lenguaje corporal de Jesús. Jesús mira a sus discípulos a los ojos y se dirige a ellos como amigos, como un comandante sabiendo que cuando comience la batalla, sus ayudas serán crítica—este es un momento intenso. (Rom 5:6–8) Sin embargo, la analogía de la charla para levantar el animo de parte del comandante se rompe porque los discípulos últimamente no le ayudan y Jesús sabe que él va solo a la cruz. Sin embargo, la cruz que viene da urgencia e intensidad a esta discusión. Los discípulos se quedarán atrás y deben lidiar con la persecución y la repugnancia por su cuenta, especialmente cuando involucra a sus familiares y amigos más cercanos.

El verbo reprochar se usó bíblicamente en algunos contextos específicamente:

> 1. «Ella concibió y dio a luz un hijo, y dijo: Dios ha quitado mi afrenta.» (Gen 30:23)
>
> 2. «Si alguien toma a su hermana, hija de su padre o hija de su madre, viendo la desnudez de ella, y ella ve la desnudez de él, es cosa abominable; serán exterminados a la vista de los hijos de su pueblo. El ha descubierto la desnudez de su hermana, lleva su culpa.» Lev 20:17)
>
> 3. «El destruirá la muerte para siempre. El Señor DIOS enjugará las lágrimas de todos los rostros, y quitará el oprobio de su pueblo de sobre toda la tierra, Porque el SEÑOR ha hablado.» (Is 25:8)
>
> 4. «Pero yo soy gusano, y no hombre; Oprobio de los hombres, y despreciado del pueblo.» (Sal 22:6)
>
> 5. «Entonces les dije: Ustedes ven la mala situación en que estamos, que Jerusalén está desolada y sus puertas quemadas a fuego. Vengan, reedifiquemos la muralla de Jerusalén para que no seamos más motivo de burla.» (Neh 2:17)

La idea dominante en la repulsión es dejarse expuesto al ridículo público por esterilidad, desnudez, o debilidad. Es como una mujer atrapada sin ropa o una ciudad sin paredes o, en un contexto contemporáneo, como la persona sin hogar que sufre exposición, ridículo y abuso. Los adictos y los pacientes psiquiátricos pueden sufrir abusos similares, pero no son siempre expuestos al ridículo público. Jesús cita varios de los pasajes mesiánicos anteriores, como cuando cita el Salmo 22 desde la cruz (Mc 15:34).

En estos pasajes, Jesús se dirige a los discípulos que son parte de una cultura comunitaria, de honor y vergüenza. Las Bienaventuranzas abordan los temas comunes—pobreza, hambre, y dolores—compartido con discípulos expulsados y desheredados por sus familias y comunidades (Neyrey 1998, 168–169). Los tres verbos—insultar, perseguir y calumniar—involucran temas similares de estigma social y expulsión, solo que con más intensidad.

En nuestro propio contexto, la intensidad de la respuesta al ser vituperado subraya la naturaleza fundamental de nuestra decisión de fe. Jesús dice:

> El hermano entregará a la muerte al hermano, y el padre al hijo; y los hijos se levantarán contra los padres, y les causarán la muerte. Y ustedes serán odiados de todos por causa de mi nombre, pero el que persevere hasta el fin, ése será salvo. (Mc 13:12–13)

«Jesús asume que tal cambio de lealtades resultará en importantes consecuencias relacionales.» (Hellerman 2001, 66)[4]

La fe en Cristo no es una decisión incremental, como si pudiéramos acercarnos a Dios ajustando nuestro horario de los domingos por la mañana, o dando más a la iglesia, u ocasionalmente mejorando nuestra conducta personal. La fe en Dios es más como un sábelo-todo (wise-guy) que renuncia a la mafia o un militar rebelde que responde a un programa de amnistía para dejar las armas. Dejar las armas requiere una ceremonia pública donde las personas de ambos lados observan. La ceremonia pública del bautismo se celebra como un sacramento de limpieza (bautismo por aspersión) y como un sacramento de muerte y renacimiento (bautismo de inmersión total) que enfatiza la transición a la fe.

La intensidad de esta transición a la fe en la iglesia primitiva menudo se descarta como un simple ejemplo de unidad: «Todos los que habían creído estaban juntos y tenían todas las cosas en común; vendían todas sus propiedades y sus bienes y los compartían con todos, según la necesidad de cada uno.» (Hch 2:44-45) Si bien este pasaje es un ejemplo de unidad, también es emblemático de un estrés significativo para los discípulos, quienes normalmente compartirían esos momentos principalmente con la familia. En ausencia de comunión familiar, la imagen de la unidad aquí es como una alianza de personas de la calle que se cuidan mutuamente durante el invierno frente a la intensa privación.

La persecución intensa marca alguien como cristiano, lo que también marca alguien para la salvación (Ap 22:4).

∞

Bendito Señor Jesús,

Pon tu seto de protección a mi alrededor, Señor, porque estoy confundido y tengo miedo. Mi fuerza me falla; me duele el cuerpo; mis hijos aún están perdidos; y es de noche, cuando los chacales corren libremente y la hiena compite con el león por mucha carroña. Ten piedad de los niños, Señor. Sálvame sus voces en la noche; sálvame del llanto de las almas olvidadas y perdidas, ya sean familiares, cercanos y queridos. Porque el trabajador no puede salvarlos de la locura ni decirles lo que los oídos no escuchan. Sin embargo, tú, Dios, escuchas nuestras oraciones; Tus bendiciones florecen más allá de la medida diaria. Desde los días de mi juventud, me has consolado y me has dado vida, esperanza y gozo, para cantar, bailar y aplaudir con mis manos por el gozo de tu salvación que está cerca. Pero ahora, déjame descansar con seguridad hasta que el nuevo día aguarde bajo el sol de la mañana con bendiciones y esperanza de descansar contigo, ahora y siempre. En el nombre del Padre, el Hijo, y el Espíritu Santo, Amén.

∞

Preguntas
1. ¿En qué sentido es enfática la Novena Bienaventuranza?
2. ¿Qué hace personal la persecución?
3. ¿Qué hace la palabra, vituperados, especialmente dolorosa?
4. ¿Qué evidencia tenemos en las Escrituras que los primeros cristianos fueron expulsados de sus familias y comunidades?

Notas
1 "The differences between Matthew and Luke reflect different settings in the Church's mission. Persecution is a more general expression for the antagonistic behavior experienced by the Church in mission, while exclusion

may well refer to the earlier, more specific mission within the synagogue setting." (Guelich 1982, 94)

2 The verb in Greek is revile which means: "to find fault in a way that demeans the other, reproach, revile, mock, heap insults upon as a way of shaming" (BDAG 5316.1).

3 The noun form means: "loss of standing connected with disparaging speech, disgrace, reproach, insult." (BDAG 5318)

4 "Jesus assumes that such a shift of loyalties will result in significant relational fallout." (Hellerman 2001, 66)

9.2: El Sufrimiento a Menudo Anticipa la Salvación

> El destruirá la muerte para siempre.
> El Señor DIOS enjugará las lágrimas de todos los rostros,
> Y quitará el oprobio de su pueblo de sobre toda la tierra,
> Porque el SEÑOR ha hablado. (Is 25:8)

El sufrimiento y la salvación están vinculados prominentemente en los Libros de la Ley y los Profetas donde la angustia emocional a menudo amplificaba el reproche sufrido.

En los Libros de la Ley, el reproche es a menudo un tema de las esposas que se molestan mutuamente por la esterilidad. Este conflicto ocupa un lugar destacado en el conflicto entre Sarai y Agar (Gen 16:4) y más tarde entre Ana y Penina (1 Sam 1:1–6).

Considere el reproche que sufrió Raquel, que era estéril y cuya hermana mayor, Leah, tenía seis hijos y una hija: «Entonces Dios se acordó de Raquel. Y Dios la escuchó y le concedió hijos. Ella concibió y dio a luz un hijo, y dijo: Dios ha quitado mi afrenta.» (Gen 30:22–23) El reproche de Raquel por su esterilidad alimentó una amarga rivalidad con su hermana, Leah. (Gen 30:1). Debido a que

Raquel era la esposa favorita de Jacob, su hijo, José pronto se convirtió hijo favorito de Jacob, como leemos: «Israel [también llamado Jacob] amaba a José más que a todos sus hijos, porque era para él el hijo de su vejez; y le hizo una túnica de muchos colores.» (Gen 37:3) El regalo de la túnica señalo el paso del liderazgo de la familia e hizo a los hermanastros de José tan celosos que lo vendieron a esclavitud en Egipto. Más tarde le dijeron a Jacob que José había sido asesinado por animales salvajes (Gen 37).

Después de sufrir a manos de sus hermanos, ser vendido como esclavo y enviado a prisión, Jose demostró ser un hombre honesto, un gran trabajador y un líder capaz. Sin embargo, fue el don de Dios de interpretar los sueños lo que lo llevó ante el Faraón y lo llevó a su ascenso a primer ministro. Como primer ministro, Jose salvó a Egipto y a su propia familia del hambre durante una hambruna de siete años (Gen 38–45), a pesar de que comenzó como el hijo que sufrió rechazo y persecución dentro de su familia.

En los Libros de los Profetas, el sufrimiento y la persecución son temas principales en la historia de Job. Job es un hombre recto perseguido por Satanás (Job 1–2) pero vituperado por sus amigos que dudan de su rectitud.

Uno de los amigos de Job, Elifaz el Temanita, pregunta a Job diciendo: «Recuerda ahora, ¿quién siendo inocente ha perecido jamás? ¿O dónde han sido destruidos los rectos?» (Job 4:7) Otro amigo, Bildad de Suah llama a Job un viento impetuso y pregunta: «¿Acaso tuerce Dios la justicia O tuerce el Todopoderoso (Shaddai) lo que es justo?» (Job 8:3) Este reproche de los amigos de Job se vuelve tan malo que Dios mismo se enoja con estos amigos y corrige sus conceptos teológicamente erróneos diciendo: «no han hablado de mí lo que es recto, como mi siervo Job.» (Job 42:7) Pues el reproche de sus amigos y la perdida de su familia y fortuna, Dios viene al rescate de Job y recompensa su fidelidad, mientras leemos: «Y el SEÑOR restauró el bienestar de Job cuando éste oró por sus amigos; y el SEÑOR aumentó al doble todo lo que Job había poseído.» (Job 42:10) La historia de Job destaca el reproche y el sufrimiento que se explican en tres enfoques éticos separados en el Antiguo Testamento.

El primer enfoque ético es que uno se hace recto al guardar la ley e injusto al violarla. Dios hace cumplir la ley al recompensar a los rectos y castigar a los injustos, como es la expectativa del amigo de Job, Elifaz el temanita (Job 4:7). El Salmo 1 también se enfoca en este tema.

El segundo enfoque es que uno se vuelve recto al obtener sabiduría sobre cómo funciona realmente el mundo, como leemos: «El sabio teme y se aparta del mal, pero el necio es arrogante y descuidado.» (Prov 14:16) En efecto, el mal no es solo malo, es también estúpido, como solemos leer en Proverbios.

El tercer enfoque es que Dios honra el sufrimiento recto, como vimos en la vida de Job y también lo experimentamos en la vida diaria como gratificación diferida. En educación, por ejemplo, posponemos tomar un trabajo, estudiar mucho y, por lo general, somos bendecidos más tarde con un mejor trabajo, aunque el riesgo del fracaso siempre es posible. Sin embargo, Dios recompensa a quienes confían en él y toman riesgos por el reino, y castiga a quienes se niegan a hacerlo (Mt 25:14–30).

En el reino de Dios, la cruz que cargamos siempre precede a la corona que nos ponemos.

∞

Dios Todopoderoso,

En nuestra juventud, nos diste la ley para que nuestros pies no tropezaran. En medio del camino de la vida cuando los académicos ofrecen conocimiento y las computadoras ofrecen información, tú nos ofreces sabiduría. En nuestra ancianidad, premiaste nuestros sacrificios, dando a nuestros viñedos y árboles una gran cosecha. Te alabamos y te damos la gloria. Has tragado la muerte para siempre, enjuagaste nuestras lágrimas, y pusiste nuestros pies en tierra firme, quitando el oprobio de nuestros enemigos (Is 25:8). Te alabamos y te damos la gloria. Recuerda ahora tu iglesia en las tormentas de privación, luchas nacionales, y juicios escandalosos. Da a tu pueblo ojos que vean, oídos que escuchen, y líderes que nos dirijan a donde tú nos mandes ir. Bendícenos con tu presencia en el poder de tu Espíritu Santo y en el nombre de Jesús, Amén.

∞

Preguntas
1. ¿Cómo relaciona el Antiguo Testamento los sufrimientos a la salvación?
2. ¿Por qué la historia de José se destaca como un ejemplo de sufrimiento y salvación?
3. ¿Puede un cristiano, como Job, sufrir persecución de parte de los demonios?
4. Nombra tres tipos de rectitud que se encuentran en el Antiguo Testamento.
5. ¿Por qué es el sufrimiento recto especialmente perspicaz?

9.3: La Persecución puede ser Transformadora

Y Saulo (Pablo) estaba de completo acuerdo con ellos en su [Esteban] muerte. En aquel día se desató una gran persecución en contra de la iglesia en Jerusalén, y todos fueron esparcidos por las regiones de Judea y Samaria, excepto los apóstoles.
(Hch 8:1)

En la casa de mis abuelos, cada comida comenzaba con oración y terminaba con una lectura de las Escrituras. Una vez en la universidad cuando los visité, leí la historia de Esteban: «Presentaron testigos falsos que dijeron: Este hombre continuamente habla en contra de este lugar santo y de la Ley; porque le hemos oído decir que este Nazareno, Jesús, destruirá este lugar, y cambiará las tradiciones que Moisés nos dejó.» (Hch 6:13–14) Esteban no ofreció una defensa, sino que acusó a los judíos de adorar falsamente y de no guardar la ley. (Hch 7:48–53) Luego, les recordó las palabras de Jesús durante su juicio: «Tú mismo lo has dicho; sin embargo, a ustedes les digo que desde ahora verán al hijo de hombre sentado a la diestra del poder, y viniendo sobre las nubes de cielo.» (Mt 26:64) Aquí Jesús parafraseó a Daniel 7:13 en un claro reclamo de divinidad. Este reclamo enloqueció al Sanedrín y en un ataque de ira apedrearon a Esteban, un acto ilegal según la ley romana. (Jn 18:31)

Después de la ejecución de Esteban, el Libro de los Hechos presenta a Saulo (Hch 7:58) quien, no solo aprobó la lapidación de Esteban, sino que dirigió la persecución de los cristianos en Jerusalén que siguió, hasta hacer estragos la iglesia (Hch 8:1-3). La palabra, estragos, sugiere una acción autodestructiva, como en el proverbio: «La insensatez del hombre pervierte su camino, y su corazón se irrita contra el SEÑOR.» (Prov 19:3) Esta forma de persecución confirma el testimonio de Saúl de que él era un perseguidor entusiasta (Hch 8:1; Flp 3:6).

Al liderar la persecución de la Iglesia, Saulo ayuda a esparcir los discípulos de Jerusalén a las regiones de Judea y Samaria. Esto cumplió las dos primeras partes de la comisión de Cristo en Hechos 1:8, ayudado por discípulos que compartieron el Evangelio mientras huían de Jerusalén (Hch 8:4). Por lo tanto, incluso en su peor momento, Saúl actúa como un instrumento involuntario e ignorante del Espíritu Santo al cumplir la comisión de Jesús en Hechos 1:8, citado anteriormente.

Cuando Saulo trata de se a oponer la tercera parte

de la comisión de Cristo en el esparcimiento se dirige a Damasco, sin embargo, Cristo resucitado interviene, previniéndolo más autodestrucción, diciendo: «Al caer a tierra, oyó una voz que le decía: Saulo, Saulo, ¿por qué me persigues?» (Hch 9:4) A esta pregunta, Saulo responde: «¿Quién eres, Señor? preguntó Saulo. El Señor respondió: Yo soy Jesús a quien tú persigues; levántate, entra en la ciudad, y se te dirá lo que debes hacer.» (Hch 9:5–6) Esto está en marcado contraste con la respuesta de Judas Iscariote quien se suicida (Mt 27.5). Incluso antes de darse cuenta, el apóstol Pablo, anteriormente Saulo, cumplió los propósitos de Dios incluso en la persecución de la iglesia y, al hacerlo, fue impulsado dolorosamente hacia su propia conversión y llamado (Hch 9:15–16).

La persecución a menudo nos traumatiza, dejando heridas más profundas que la mayoría de las otras cosas. A nivel individual, este trauma puede conducir a problemas emocionales y psiquiátricos de por vida y, si luego giramos a nuestro dolor y nos alejamos de Dios, puede intensificarse por la confusión espiritual. A nivel comunitario, la persecución puede ser seguida por un ciclo de venganza entre las comunidades en guerra. En cualquier nivel, los perseguidos y los perseguidores están atados en un vínculo indeleble y negativo que no se rompe fácilmente.

El perdón rompe el vínculo creado por abuso y persecución, y deja espacio para que el Espíritu Santo de Dios trabaje en nuestras vidas. (Rom 12:19) Esteban murió rezando a Dios por el perdón de sus perseguidores: «Señor, no les tomes en cuenta este pecado.» (Hch 7:60), parafraseando las propias palabras de Cristo desde la cruz (Lc 23:34). Como uno de esos perseguidores, Pablo nunca olvidó a Esteban y lo mencionó mientras contaba su propia conversión ante el Sanedrín. ¿Fue la conversión de Pablo la respuesta de Dios a la oración de Esteban? (Hch 22:20)

Otra consecuencia importante de la persecución en Jerusalén fue que el Espíritu Santo trabajó para establecer la primera iglesia gentil en Antioquía, leemos:

> Ahora bien, los que habían sido esparcidos a causa de la persecución (tribulación) que sobrevino después de la muerte de Esteban, llegaron hasta Fenicia, Chipre y Antioquía, no hablando la palabra a nadie, sino sólo a los judíos. Pero había algunos de ellos, hombres de Chipre y de Cirene, los cuales, al llegar a Antioquía, hablaban también a los griegos, predicando el evangelio (las buenas nuevas) del Señor Jesús. La mano del Señor

estaba con ellos, y gran número que creyó se convirtió al Señor. (Hch 11:19–21)

La palabra clave en griego, esparcidos, solo aparece en otro lugar en Hechos 8.4: «Así que los que habían sido esparcidos iban predicando (anunciando las buenas nuevas de) la palabra.» La palabra, esparcidos, infiere una acción del viento y la palabra para viento en el griego es *pneuma* que también se traduce como Espíritu Santo. La inferencia es que el Espíritu Santo estableció la iglesia de Antioquía en respuesta a la persecución (Hch 11:22).

Debido a que en este punto los apóstoles permanecieron en Jerusalén, el Espíritu Santo uso discípulos ordinarios, cuyos nombres permanecen desconocidos, para establecer la iglesia en Antioquía y las iglesias a través de: «toda Judea y Samaria, y hasta los confines de la tierra.» (Hch 1:8) Es muy parecido a que como Dios uso a evangelistas Pentecostales en nuestro propio tiempo para llegar a gran parte del mundo conocido. (IBMR 2015, 29) Y en muchos lugares alrededor el mundo, la persecución permanece siempre presente.

∞

Padre todopoderoso y compasivo,

La Biblia dice que, a través del poder del Espíritu Santo,

debemos ser testigos a nuestros prójimos, la región, y el mundo entero (Hch 1.8). Danos la convicción de fe, Señor, que nuestro testimonio llega a todos los necesitados.

La Biblia dice que, Saúlo aprobó la ejecución de Esteban y luego surgió una gran persecución (Hch 8:1). Y que muchas iglesias se establecieron cuando los discípulos eran esparcidos por el Espíritu Santo (Hch 11:19). E incluso el gran perseguidor, Saúlo de Tarsus, fue transformado en un evangelista a quien conocemos como Pablo (Hch 9:5). Danos la convicción de fe, Señor, que nuestro testimonio llega a todos los necesitados.

Concédenos la mente de Cristo para que podamos centrarnos en tus prioridades, no en las nuestras.

Transforma nuestros corazones para que podamos sentir las cosas que tú sientes, no las nuestras. Que, en el día del juicio, seamos juzgados de acuerdo con la justicia de Cristo, no con la nuestra.

En el poder de tu Espíritu Santo, danos ojos que vean y oídos que escuchan y pies que obedezcan. En el precioso nombre de Jesús, Amén.

Preguntas

1. ¿Tiene un pasaje de las Escrituras que sea especialmente significativo?

2. ¿Cuáles fueron los cargos contra Esteban en Hechos 6? ¿Qué respondió Esteban a estos cargos? ¿Por qué o ¿por qué no? ¿Era legal la lapidación de Esteban?

3. Pablo dice que fue un gran perseguidor. ¿Qué evidencia respalda esa conclusión?

4. Cuando Jesús se le aparece a Saulo en Hechos 9: 4, ¿qué le dice? ¿Fue la persecución de Pablo personal?

5. ¿Qué significa la palabra, esparcida, en Hechos 11:19? ¿Quién fundó la iglesia de Antioquía?

6. ¿Cuál fue el papel de Saulo en la formación de la iglesia antes y después de su conversión?

9.4: La Persecución y Letargo Espiritual

Pero aun si sufren por causa de la justicia, dichosos son. Y no tengan miedo por temor a ellos ni se turben, sino santifiquen a Cristo como Señor en sus corazones, estando siempre preparados para presentar defensa ante todo, el que les demande razón de la esperanza que hay en ustedes. Pero háganlo con mansedumbre y reverencia.

(1 Pe 3:14–15)

Ser vituperado es doloroso y desencadena un momento en Getsemaní con una decisión—¿Nos volvemos hacia a Dios o nos volvemos hacia nuestro dolor? Cuando nos volvemos hacia a Dios, nuestra vida espiritual florece y la iglesia crece, pero cuando recurrimos a nuestro dolor, individual o colectivamente, nuestra vida espiritual sufre terriblemente porque ser vituperado rara vez es un evento aislado y único.

La persecución en las épocas moderna y posmoderna ha adquirido un nivel completamente nuevo de sofisticación. La calumnia abierta de la fe cristiana perpetrada por Marx, Freud y Nietzsche en el siglo diecinueve colocó a los líderes de la iglesia a la defensiva filosófica durante todo el siglo veinte. (Plantinga 2000, 167) Más recientemente, los medios de comunicación y otras grandes corporaciones han promovido activamente estilos de vida inconsistentes con la fe cristiana—sexo causal, aborto, tiendas abiertas los domingos—y han provocado cuestionamientos internos de la fe entre los creyentes. ¿Qué mayor sufrimiento podrían experimentar los padres, por ejemplo, al ver a sus hijos alejarse de la fe y caer en todo tipo de pecado y privación? Los leones de hoy pueden aparecer solo en el televisor, pero son perfectamente capaces de consumir nuestra fe.

Esta persecución persistente de bajo grado puede resultar en letargo espiritual que afecta los tres movimientos del espíritu dentro de nosotros, con Dios y con los demás. Estos se pueden describir como soledad (dentro de nosotros), ilusión (con Dios), y hostilidad (con otros). Pasemos brevemente a examinar cada uno de estos aspectos de letargo espiritual, empezando con la soledad.

Soledad

El evangelista Charles Finney (1982, 74–76) citó seis consecuencias de silenciar al Espíritu Santo en nuestras vidas:[1]

1. Oscuridad mental—la verdad no da una impresión útil,

2. Frialdad hacia la religión,

3. Sosteniendo varios errores en la religión,

4. Incredulidad,

5. Delirio con respecto al estado espiritual, y

6. Intentos de justificar la maldad.

En esta lista se citan cada una de las tensiones, con nosotros mismos (1, 2, 3, 5), con Dios (4) y con los demás (6), que sugieren diferentes aspectos del letargo espiritual como terreno fértil para el conflicto de la iglesia.

Ilusión

Las alusiones a la persecución llenan el Nuevo Testamento, pero con frecuencia se dejan de lado en las lecturas públicas de las Escrituras, dejando la impresión de que la iglesia posmoderna ya no se enfrenta a la persecución y que el pecado no es intrínseco a la condición humana, que no forma parte del contexto de la vida cotidiana. Al carecer de una conciencia básica de persecución y pecado, la iglesia posmoderna lucha menos con la persecución emergente evidente en nuestra cultura y más con el contexto residual de letargo espiritual de las últimas décadas.

Se estima que el número anual de mártires cristianos

en 2015 fue de 90,000 personas. Esta es una disminución de 377,000 en la década de 1970 durante el apogeo del comunismo mundial, pero todavía alrededor de tres veces el número (34,400) en 1900 (IBMR 2015, 29). El comunismo es una filosofía atea y sigue siendo muy influyente en los círculos seculares, incluso hoy en día. Con el tiempo, las naciones comunistas han sido bastante abiertas en su persecución de los cristianos quienes a menudo son acusados de representar una influencia extranjera.

Un indicador importante del letargo espiritual es la falta de interés en la oración. La oración es difícil en ausencia de fe, lo que es obvio cuando las palabras pronunciadas tienen precedencia sobre la relación que tenemos con Dios. En ausencia de una relación con Dios, la oración parece pensamientos felices o un tipo de expresión poética en lugar de comunicación con un amigo cercano, confidente, mentor, o padre. Cuando estamos en relación con Dios, nuestras oraciones están estructuradas, en parte, por la naturaleza de esa relación, una especie de teología o espiritualidad personal.

Otro indicador de letargo espiritual es la tendencia a leer las Escrituras fuera de contexto o en vista de nuestras propias agendas personales. Un pasaje que a menudo se cita fuera de contexto es: «estando siempre preparados para presentar defensa ante todo el que les demande razón de la esperanza que hay en ustedes.» (1 Pe 3:15). Este fragmento de esperanza a menudo se usa para argumentar apologéticamente por la fe, pero contiene tres debilidades importantes.

La primera debilidad es que el fragmento ignora el contexto de persecución, una razón importante por la que el Libro de Primera de Pedro es uno de los libros favoritos de las iglesias perseguidas (McKnight 1996, 35). La segunda debilidad es que la admonición de Pedro de hablar «con mansedumbre y reverencia» es frecuentemente ignorada por los apologistas ansiosos por el debate. La debilidad final es que el enfoque en ofrecer una defensa verbal ignora el propio énfasis del apóstol Pedro que estaba en el evangelismo del estilo de vida—vivir la fe. En consecuencia, destacando solo 1 Pedro 3:15, que menciona ofrecer una defensa verbal del evangelio, distorsiona la atracción, actitud, y punto principal de la carta de Pedro, que es informar la vida cristiana en un mundo de persecución.

Hostilidad

En un mundo de persecución, esperamos conflicto con los demás sobre nuestra fe debido a la obra y poder del Espíritu Santo, como leemos: «pero recibirán poder cuando el Espíritu Santo venga sobre ustedes; y serán Mis testigos en Jerusalén, en toda Judea y Samaria, y hasta los confines de la tierra.» (Hch 1:8) El poder del Espíritu Santo normalmente actúa en nosotros para convertirnos en testigos, a menos que cedamos al miedo y sofoquemos la obra del Espíritu Santo en nuestras vidas.

El miedo puede sofocar el poder del Espíritu Santo en nuestras vidas, como señalan Barthel and Edling (2012, 101):[2]

> Cuando los individuos o grupos están motivados por el miedo a la opinión de otras personas (lo que otros piensan acerca de ellos) más que el temor de Dios, sus corazones se enfrían al Espíritu de Dios. Al carecer de la conciencia de Dios, no hay restricción para la motivación del corazón; solo pasiones mundanas y popularidad para controlar multitudes. Esto es común en los conflictos de la iglesia. La actitud defensiva, auto-rectitud, y orgullo gobiernan el día cuando las personas ceden ante el miedo con respecto a otras personas.

Mientras oramos frecuentemente por protección,

evidencia de temor, la iglesia primitiva oró por audaz en su testimonio (Hch 4:29–31).

El letargo espiritual, lo opuesto a la audacia, también puede apagar el poder del Espíritu Santo, como observó el apóstol Juan en la iglesia de Laodicea: «Yo conozco tus obras, que ni eres frío ni caliente. ¡Ojalá fueras frío o caliente! Así, puesto que eres tibio, y no frío ni caliente, te vomitaré de mi boca.» (Ap 3:15–16) El letargo espiritual es ampliamente visto como un problema posmoderno en el que se descuida el evangelismo, las iglesias luchan por la música y las decoraciones, y el analfabetismo bíblico es un problema incluso entre los aspirantes al seminario.

Los conflictos de la iglesia comienzan con la falta de atención a las prioridades de Dios, una dimensión corporativa del letargo espiritual. Barthel y Edling (2012, 89) observan que las iglesias en conflicto volver a sus sentidos cuando los líderes recuerdan la necesidad de permanecer centrados en Dios y replantear el conflicto en torno a preguntas bien elegidas para su reflexión. Centrar la adoración y nuestra formación espiritual en Cristo es, por lo tanto, un punto de partida importante para reducir y evitar el conflicto de la iglesia, porque el problema subyacente es espiritual, no el conflicto en sí.

Las buenas noticias sobre el letargo espiritual es que Dios es soberano y el Espíritu Santo trabaja en los corazones y las mentes de los cristianos en todas partes para lograr el avivamiento espiritual. Esto es lo que Dios prometió al pueblo de Israel (Dt 30:2–3) y el apóstol Pedro predicó, citando al profeta Joel (Joel 2:28–29), el día de Pentecostés:

> Y sucederá en los últimos días, dice Dios, que derramare de mi espíritu sobre toda carne; y sus hijos y sus hijas profetizaran, sus jóvenes verán visiones, y sus ancianos soñaran sueños; y aun sobre mis siervas derramare de mi espíritu en esos días, y profetizaran. (Hch 2:17–18)

Mientras que algunos se han visto afectados por actividades infructuosas, otros han recibido el poder del Espíritu Santo de Cristo para trabajar por la reconciliación del mundo consigo mismo (2 Cor 5:17–20).

∞

Señor Altísimo,

Perdónanos por los pecados conocidos y desconocidos, las transgresiones alardeadas y las iniquidades vistas y no vistas. Danos corazones penitentes que se arrepientan, hagan las paces y busquen justicia, no solo la absolución silenciosa. Transforma nuestras vidas, oh Señor, para que podamos convertirnos en mayordomos aptos de la gracia. Ponnos en la plena justicia de Cristo como caballeros que se preparan para la batalla para que podamos extender tu reino a los corazones sin arrepentimiento y las mentes reguardadas de la gracia. Que nuestras vidas siempre hablen más fuerte que nuestras palabras y nuestras palabras solo hablen de ti. No podemos sofocar tu Espíritu Santo, sino darle a tu espíritu un reinado completo centrado en ti y solo en ti. En el nombre de Jesús, Amén.

∞

Preguntas

1. ¿Qué forma de negación se practica a menudo al leer las Escrituras? ¿Por qué?
2. ¿Cuántos cristianos se estima que fueron martirizados en 2015? (ver nota a pie de página)
3. Enumere tres cosas que a menudo faltan cuando se cita 1 Pedro 3:15.
4. ¿Quién nos lleva a ser testigos? ¿Cuáles son las razones por las que nos convertimos en testigos?
5. ¿Cómo actúa el miedo para sofocar al Espíritu Santo?
6. ¿Cuál iglesia en el Libro de Apocalipsis (Ap 3:15–16) fue acusada del letargo espiritual?
7. Nombra seis consecuencias de sofocar el Espíritu Santo que citó Finney.
8. ¿Cuál es el efecto de centrarse en Dios en la iglesia que experimenta conflicto según Barthel y Edling?

Notas

1 Evangelist Charles Finney (1982, 74–76) cited six consequences of squelching the Holy Spirit in our lives:

1. Darkness of mind—the truth makes no useful impression,
2. Coldness towards religion,
3. Holding various errors in religion,
4. Disbelief,
5. Delusion regarding one's spiritual state, and
6. Attempts to justify wrongdoing.

2 Barthel and Edling (2012, 101) write:
"When individuals or groups are motivated by fear of the opinion of other people (what others personally think about them) more than the fear of God, their hearts grow cold to the Spirit of God. Lacking God-consciousness, there is no restraining the motivation of the heart; only world passions and popularity with the crowd control. This is common in church conflicts. Defensiveness, self-righteousness, and pride rule the day when people give in to the fear of man."

CONCLUSIONES

Prioridades Sorprendentes

Enlaces Espirituales y Tensiones

El Camino Adelante

Prioridades Sorprendentes

> *Porque no tenemos un Sumo Sacerdote que no pueda compadecerse de nuestras flaquezas, sino Uno que ha sido tentado en todo como nosotros, pero sin pecado.*
> (Heb 4:15)

Cuando Cristo entra en nuestras vidas, comenzamos el viaje desde nuestro ser natural hasta la persona que Dios nos creó para ser. Este viaje transforma nuestra auto-imagen, nuestra fe, y nuestras relaciones al intercambiar los actos de la carne por los frutos del Espíritu (Gal 5:19–23). Estas transformaciones pueden ser alegres a medida que crecemos en conocimiento personal, en fe y en relaciones; también pueden implicar pérdidas dolorosas porque el cambio fundamental es intrínsecamente difícil y las pérdidas son lamentadas individualmente.

Los cambios requeridos en el viaje de fe se comparan frecuentemente en la Biblia con los desafíos en el matrimonio (e.g. Mt 9:15). El recién casado esta casi siempre alegre al inicio del matrimonio. Sin embargo, la transformación de uno como ente solitario a pareja en los primeros años de matrimonio puede ser un desafío porque las viejas relaciones con nuestros padres, hermanos y cónyuges deben transformarse en nuevas.

Las alegrías y los desafíos del matrimonio durante esos primeros años informan las tensiones que experimentamos dentro de nosotros mismos, con Dios y con los demás a lo largo de la vida. Las primeras tres Bienaventuranzas se enfocan en la tensión con uno mismo (humildad, duelo y mansedumbre). Las próximas tres Bienaventuranzas se enfocan en la tensión con Dios (celo, misericordia, y santidad). Las últimas tres Bienaventuranzas se enfocan en la tensión con los demás (hacer paz, persecución, ser vituperado).

Lo más sorprendente de las Bienaventuranzas es que revelan que Jesús honra la humildad, el duelo, la misericordia y hacer la paz mucho más que nosotros.

Jesús honra los pobres en espíritu, a los humildes, lo cual no viene a nosotros naturalmente. Preferimos desarrollar la fuerza física, la auto-estima, la asertividad, y la influencia sobre los demás. Solo a través del poder del Espíritu Santo podemos crecer en humildad y madurar en mansedumbre.

Jesús honra el luto. Naturalmente, no lloramos por el pecado en nuestras vidas y el duelo es la única emoción que encontramos en las Bienaventuranzas. Otras emociones están más cerca de nuestros corazones y buscamos consuelo, no transformación. Sin embargo, es cuando derramamos nuestros corazones en duelo que recurrimos a Dios. Esa es tal vez la razón que el apóstol Pablo nos exhorta a: «Gócense con los que se gozan y lloren con los que lloran.» (Rom 12:15)

Jesús honra la misericordia. La misericordia es uno de los valores centrales de Dios (Ex 34:6) y se encuentra en el corazón de la obra expiatoria de Cristo en la cruz. Vemos el amor de Dios principalmente a través del lente de su misericordia. Es difícil para nosotros pedir misericordia y aún más difícil darla, por eso vemos la mano de Dios obrando en el simple acto de perdón.

Jesús honra los pacificadores—*Shalom. Shalom* nos obliga a salir de nuestra zona de confort tal vez más que cualquier otra bienaventuranza. Es porque al extender la paz en todas nuestras relaciones nos negamos a nosotros mismos y emulamos a Cristo. Los pacificadores deben renunciar de sus privilegios, tomar la cruz todos los días, vivir en solidaridad con todas las personas y practicar la hospitalidad sacrificial.

Las prioridades de Jesús claramente no son nuestras y explican el enfoque de Jesús en nuestra transformación, no solo en la próxima vida, sino en esta. Cómo vivimos y cómo morimos importa en el reino de Dios. Lo sabemos no solo por la vida, muerte, y resurrección de Jesús (Flp 3:10–11), pero también porque Esteban y diez de los doce apóstoles siguieron el ejemplo de Jesús y se convirtieron en mártires por la fe.

El ejemplo de Jesús plantea una paradoja cuando nos exhorta a tratar la persecución como un momento de enseñanza redentora: «amen a sus enemigos y oren por los que los persiguen.» (Mt 5:44) El poder del amor se revela cuando es inesperado y no se gana. Vemos este poder en las palabras de Cristo en la cruz: «Padre, perdónalos, porque no saben lo que hacen.» (Lc 23:34) Es a través del sacrificio expiatorio de Cristo en a la cruz que nos reconciliamos con Dios y experimentamos las profundidades de su amor.

Las prioridades de Cristo no son naturalmente nuestras, pero nos exhorta a abrazar las Bienaventuranzas y la tensión creativa que generan.

∞

Padre Celestial,

Te alabamos por tu regalo de salvación disponible a nosotros a través el muerte y resurrección de Jesucristo, quien, como nuestro gran sumo sacerdote, trasciende nuestra debilidad habiendo sido tentado, pero sin mancha (Heb 4:15). Porque de él, por él y para él fueron todas las cosas creadas, sostenidas y restauradas (Rom 11:36), por lo cual estamos agradecidos. En el poder de su Espíritu Santo, trabaja en nosotros para completar nuestro viaje del aislamiento en nuestro ser natural a la persona para la cual fuimos creados, del aislamiento de los demás a las personas capaces de ofrecer hospitalidad a los demás, y del aislamiento de Dios a personas de fe. Permítenos seguir el ejemplo de Jesucristo, quien, en la vida, en la muerte y en la resurrección fue misericordioso y amable, lento para la ira y abundante en amor y fidelidad constantes (Ex 34:6), incluso durante la persecución. En el nombre de Jesucristo, Amén.

∞

Preguntas
1. ¿Cuáles elementos de transformación ocurren cuando Cristo entra en nuestras vidas? (Pista: Gal 5:19–23)

2. ¿Cuál es la plantilla para nuestro viaje de fe?

3. Enumere tres tensiones encontradas en nuestro viaje de fe y en las Bienaventuranzas.

4. ¿Qué sorpresas encontramos en las prioridades de Jesús expresada en las Bienaventuranzas?

5. ¿Cuál es la sorpresa sobre la actitud de Jesús acerca de la persecución?

6. ¿Qué es la paradoja cristiana?

Enlaces Espirituales y Tensiones

> *No piensen que he venido para poner fin a la Ley o a los Profetas; no he venido para poner fin, sino para cumplir.* (Mt 5:17)

Las tensiones subjetivas en nuestra vida espiritual rastrean las brechas objetivas en nuestras relaciones internas, ascendentes y externas, y están profundamente arraigadas en el testimonio del Antiguo Testamento.

En la brecha interna, que surge entre quienes éramos y la persona que Dios nos creó para ser, encontramos alusiones a la persona de Moisés. En la brecha ascendente, que surge entre nosotros y Dios, encontramos en las alusiones del carácter de Dios mismo. En la brecha externa, que surge entre nosotros y quienes nos rodean, encontramos en las alusiones las profecías mesiánicas de Isaías. Juntos, estas brechas y tensiones sugieren cómo Jesús pretendía que se cumpliera la profecía del Antiguo Testamento.

Centrándose en la brecha interna las tres primeras Bienaventuranzas: Honrados (Felices) los pobres en espíritu, pues de ellos es el reino de los cielos. Honrados los que lloran, pues ellos serán consolados. Honrados los mansos pues ellos heredarán la tierra. (Mt 5:3–5) Estas Bienaventuranzas se enfocan en quien somos y toman prestado su lenguaje, en parte, de Isaías 61:1. Sin embargo, la influencia se remonta a la actitud y la persona de Moisés, como en: «Moisés era un hombre muy humilde, más que cualquier otro hombre sobre la superficie de la tierra.» (Num 12:3) El motivo dominante en estas tres Bienaventuranzas—la mansedumbre o la humildad—lo expresa Moisés, cuya espiritualidad general está bien definida en los Libros de la Ley.

Enfocándose en la brecha ascendente, las próximas tres Bienaventuranzas: Honrados los que tienen hambre y sed de justicia, pues ellos serán saciados. Honrados los misericordiosos, pues ellos recibirán misericordia. Honrados los de limpio corazón, pues ellos verán a Dios. (Mt 5:6–8) Estas Bienaventuranzas se enfocan en Dios y los valores centrales de Dios expresados en Éxodo 34:6: El SEÑOR, el SEÑOR, Dios compasivo y clemente, lento para la ira y abundante en misericordia y verdad (fidelidad) (Ex 34:6). Las referencias repetidas del carácter de Dios en el Antiguo Testamento, especialmente Jonás 4:2, resaltan la misericordia de Dios y la obra expiatoria de Cristo en la cruz (1 Cor 15: 3).

Enfocándose en la brecha externas, las últimas tres Bienaventuranza.

> Honrados los que procuran la paz, pues ellos serán llamados hijos de Dios. Honrados aquéllos que han sido perseguidos por causa de la justicia, pues de ellos es el reino de los cielos. Honrados serán cuando los insulten y persigan, y digan todo género de mal contra ustedes falsamente, por causa de mí. (Mt 5:9–11)

Estas Bienaventuranzas se enfocan en lo que hacemos y nos llevan de regreso a Isaías 61:1:

> El Espíritu del Señor DIOS está sobre mí, Porque me ha ungido el SEÑOR Para traer buenas nuevas a los afligidos. Me ha enviado para vendar a los quebrantados de corazón, Para proclamar libertad a los cautivos y liberación a los prisioneros. (Is 61:1)

El trabajo soberano de Dios instituyendo *Shalom* en un contexto social es inesperado—no esperamos experimentar la presencia de Dios en el contexto de la persecución. Sin embargo, incluso durante la persecución Dios esta no solo presente, pero es soberano al obrar una transformación en nuestras vidas y ofrecernos *Shalom*, el corazón de la espiritualidad cristiana.

Las Bienaventuranzas son una clave para la propia

espiritualidad de Jesús. Una espiritualidad completa necesita responder a cuatro preguntas filosóficas importantes (Kreeft 2007, 6). Las preguntas son: ¿Quién es Dios? (metafísica); ¿Quién somos? (antropología); ¿Cómo lo sabemos? (epistemología); y ¿Qué hacemos al respecto? (ética) Las Bienaventuranzas responden a tres de estas cuatro preguntas: ¿Quién es Dios? (Dios es misericordioso); ¿Quién somos? (Somos manso como Moisés); and ¿Qué hacemos al respecto? (Ofrecemos *Shalom*). La resurrección de Jesús responde a la cuarta pregunta: ¿Cómo lo sabemos? (Porque Cristo resucitó de los muertos).

Sabiendo que las Bienaventuranzas están ancladas en el Antiguo Testamento, no solo resalta los rasgos inmutables del carácter de Dios en Éxodo 34:6, sino que une la divinidad de Cristo con ellos. Las Bienaventuranzas y su contexto bíblico aseguran que no formemos a Jesús a la semejanza de nuestra propia imagen. Esta es la razón por la cual la iglesia primitiva se enfocó intensamente en las Bienaventuranzas (Guelich 1982, 14) y por qué las Bienaventuranzas merecen un estudio renovado hoy.

∞

Padre Celestial,

Te alabamos por el don de tu Espíritu Santo para guiar nuestros pensamientos y proteger nuestros corazones para que podamos ser más humildes cada día que pasa. Te alabamos por el ejemplo de Jesús de Nazaret que nos extendió *Shalom* en medio del caos de nuestras vidas para que podamos extender *Shalom* a quienes nos rodean. Te alabamos por tu ejemplo de santidad para que podamos tener hambre y sed por nadie más que tú. Confesamos que nuestros corazones y mentes están corrompidas con el pecado de este mundo; límpianos a través de la sangre del Cordero. En el nombre precioso de Jesús, Amén.

∞

Preguntas
1. Nombra los tres movimientos de nuestra vida espiritual.
2. ¿Cuáles son tres pasajes importantes en las escrituras que influyen las Bienaventuranzas?
3. ¿Cuáles son las cuatro grandes preguntas de filosofía?
4. ¿Por qué importa que las Bienaventuranzas estén bien fundamentadas en las Escrituras?

El Camino Adelante

> y conocerlo a el, el poder de su resurrección y
> la participación en sus padecimientos,
> llegando a ser como el en su muerte,
> a fin de llegar a la resurrección
> de entre los muertos.
> (Flp 3:10–11)

En las Bienaventuranzas, Jesús enseña a sus discípulos una lección simple: cómo vivimos y cómo morimos importa en el reino de Dios. Este principio del reino se confirma al reducir la tensión con nosotros mismos, con Dios y con otras personas en cada uno de los tres movimientos de nuestras vidas espirituales. Pero nuestra trayectoria en la vida no es al azar, sabemos que, en la vida, la muerte y la resurrección el futuro está en Cristo.

En Cristo, miramos más allá de nuestro ser natural a la persona que Dios nos creó para ser. En nuestro ser natural, nos burlamos de la idea de vivir con sacrificio sin aspirar a la ganancia personal o la gloria. En nuestro ser natural, pensamos en la santidad como algo antinatural y misterioso. En nuestro ser natural, la esperanza es fútil y la muerte tiene la última palabra. Pero ahora vivimos, no en nuestro ser natural, sino en Cristo.

En Cristo, vivimos aliviados de nuestra obsesión

con los fracasos pasados y las circunstancias actuales, cadenas que se han roto. Debido a que nuestra identidad está en Cristo y no en circunstancias, nuestra identidad está segura en el carácter inmutable de Cristo, no evolucionando con cambios en la moda, la ley o la ciencia. Debido a que nuestra identidad está en Cristo y Cristo se sacrificó por nosotros, nosotros también podemos vivir con sacrificio y estar más presentes en nuestra vida familiar, en la vida de la iglesia y en el trabajo del mundo, incluso amando a nuestros enemigos. En Cristo, verdaderamente somos una creación nueva.

En Cristo, incluso en la muerte, podemos contar el costo del discipulado sabiendo que nuestro futuro es seguro (1 Pe 1:3) a pesar de la mala salud, la persecución y el rechazo. Dondequiera que nos lleve la vida, nunca dejamos el dominio soberano de Cristo y el *Shalom* de Dios nos acompaña, como escribe el apóstol Pablo:

> Porque estoy convencido de que ni la muerte, ni la vida, ni ángeles, ni principados, ni lo presente, ni lo por venir, ni los poderes, ni lo alto, ni lo profundo, ni ninguna otra cosa creada nos podrá separar del amor de Dios que es en Cristo Jesús Señor nuestro. (Rom 8:38–39)

Debido a que Jesús resucitó de entre los muertos, estas palabras son confiables y dan sentido a la vida, permitiéndonos vivir sin temor en la alegría, sin estar limitados a nuestra vieja naturaleza.

En Cristo, la esperanza de la resurrección significa que nuestra actitud en la vida y la muerte es diferente, porque viviendo a la imagen de nuestro creador y esperando tanto la persecución como la muerte, esperamos la gloria de Cristo en nuestra resurrección. (Flp 3:10–12). Anticipando estos eventos, la esperanza de la resurrección sirve tanto como un mapa y como una fuente de energía. En Cristo, somos una nueva creación equipados con un objetivo, un mapa, y la fuerza para seguir nuestra trayectoria cotidiana.

En esta trayectoria, la humildad nutre nuestra autenticidad cristiana, a medida que nos convertimos en la obra de arte viviente de Dios en la creación (Dyrness 2001, 101), y nos marca como cristianos, desde el corazón hasta la mente, como una cebolla, que es consistente desde el núcleo hasta la piel y viceversa.

Entonces nuestra fe está en Cristo y, como Pablo, emulamos la vida y muerte de Cristo para que de alguna manera podamos alcanzar la resurrección y la vida eterna (Flp 3:10–12).

∞

Santo y Eterno Padre,

Llévame a ti mismo: abre mi corazón, ilumina mi mente y fortalece mis manos a tu servicio. Permítame seguir el ejemplo de Jesucristo, que vivió como modelo a seguir para los pecadores, murió en la cruz para expiar nuestros pecados, y que resucitó de los muertos para darnos la esperanza de gloria. A través del poder del Espíritu Santo, cierra cualquier brecha y resuelve cualquier tensión que dificulte mi santificación, bloquea cualquier dardo del enemigo que me ciegue a tu llamado en mi vida. Concédeme una fe que trascienda tanto el letargo como el sufrimiento para que pueda vivir y morir como tu testigo a través del poder de tu Espíritu Santo y cubierto por la sangre del Cordero. En el nombre precioso de Jesús, Amén.

∞

Preguntas
1. ¿Qué lección enseña Jesús?
2. ¿Cuál característica de la cebolla informa nuestra trayectoria cristiana?
3. ¿Cuál es nuestra fuente de autoridad y fuerza?
4. ¿Qué significa la expresión, en Cristo? ¿Cuál es su antítesis?

REFERENCIAS

Baker, David W. 2006. The NIV Application Commentary: Joel, Obadiah, and Malachi. Grand Rapidss: Zondervan.

Baker, Kenneth [Editor]. 1995. The NIV Study Bible. Grand Rapids: Zondervan.

Barthel, Tara Klena and David V. Edling. 2012. Redeeming Church Conflicts: Turning Crisis into Compassion and Care. Grand Rapids: BakerBooks.

Bauer, Walter (BDAG). 2000. A Greek-English Lexicon of the New Testament and Other Early Christian Literature. 3rd ed. ed. de Frederick W. Danker. Chicago: University of Chicago Press. <BibleWorks. v .9.>.

Benner, David G. 1998. Care of Souls: Revisioning Christian Nurture and Counsel. Grand Rapids: Baker Books.

Bethune, George. 1839. The Fruit of the Spirit. Reiner Publications.

BibleWorks. 2015. Norfolk, VA: BibleWorks, LLC. <BibleWorks

Bivin, David and Roy Blizzard. 1994. Understanding the Difficult Words of Jesus: New Insights from a Hebraic

Perspective. Shippensburg, PA: Destiny Image Publishers.

Blackaby, Richard. 2012. The Seasons of God: How the Shifting Patterns of Your Life Reveal His Purposes for You. Colorado Springs: Multnomah Books.

Bonhoeffer, Dietrich. 1995. The Cost of Discipleship (Orig. pub. *1937*). *New York: Simon and Schuster.*

Bridges, Jerry. 1996a. The Practice of Godliness. Colorado Springs: NavPress.

Bridges, Jerry. 1996b. The Pursuit of Holiness. Colorado Springs: NavPress.

Brown-Driver-Briggs-Gesenius (BDB). 1905. Hebrew-English Lexicon, unabridged.

Brueggemann, Walter. 2014. Sabbath as Resistance: Saying NO to the Culture of Now. Louisville: Westminster John Knox Press.

Card, Michael. 2005. A Sacred Sorrow Experience Guide: Reaching Out to God in the Lost Language of Lament. Colorado Springs: NavPress.

Cloud, Henry and John Townsend. 1992. Boundaries: When to Say YES, When to Say NO, To Take Control of Your Life. Grand Rapids: Zondervan.

Colson, Charles and Harold Pickett. 2005. The Good Life. Carol Stream: Tyndale House Publishers.

Crawford, Evans E. and Thomas H. Troeger. 1995. The Hum: Call and Response in African American Preaching. Nashville: Abingdon Press.

Dayton, Donald W. 2005. Discovering An Evangelical Heritage. Peabody: Hendrickson.

Dyrness, William A. 2001. Visual Faith: Art, Theology, and Worship in Dialogue. Grand Rapids: Baker Academic.

Elliott, Matthew A. 2006. Faithful Feelings: Rethinking Emotion in the New Testament. Grand Rapids, MI: Kregel.

Ellis, Ralph and Ed Payne. 2015. "Kim Davis asks Kentucky governor to free her in same-sex marriage case". CNN.Cited: 7 September 2015. Online: http://www.cnn.com/2015/09/07/politics/kim-davis-same-sex-marriage-kentucky-governor.

Fairbairn, Donald. 2009. Life in the Trinity: An Introduction to Theology with the Help of the Church Fathers. Downers Grove: IVP Academic.

Finney, Charles. 1982. The Spirit-Filled Life (Orig pub 1845–61). New Kensington: Whitaker House.

Foxe, John and Harold J. Chadwick. 2001. The New Foxes' Book of Martyrs (Orig Pub 1563). Gainsville, FL: Bridge-Logos Publishers.

France, R.T. 1985. Matthew. Tyndale New Testament Commentaries. Downers Grove: IVP Academic.

France, R.T. 2007. The Gospel of Matthew. New International Commentary on the New Testament. Grand Rapids: Eerdmans.

Geisler, Norman L. 2007. A Popular Survey of the Old Testament. Grand Rapids: BakerBooks.

Graham, Billy. 1955. The Secret of Happiness. Garden City, NY: Doubleday and Company, Inc.

Guelich, Robert. 1982. The Sermon on the Mount: A Foundation for Understanding. Dallas: Word Publishing.

Haas, Guenther H. 2004. "Calvin's Ethics." In The Cambridge Companion to John Calvin, 93–105. Edited by Donald K. McKim. New York: Cambridge University Press.

Hellerman, Joseph H. 2001. The Ancient Church as Family. Minneapolis: Fortress Press.

Hernandez, Wil. 2006. Henri Nouwen: A Spirituality of Imperfection. New York: Paulist Press.

Hickman, Dave. 2016. Closer than Close: Awakening to the Freedom of Your Union with Christ. Colorado Springs: NavPress.

Horton, Michael. 2011. The Christian Faith: A Systemic Theology for Pilgrims on the Way. Grand Rapids: Zondervan.

International Bulletin of Missionary Research (IBMR). 2015. Christianity 2015: Religious Diversity and Personal Contact. Cited: 28 December 2015. Online: http://www.gordonconwell.edu/ockenga/research/documents/1IBMR2015.pdf. Pages 28–29.

Kinnaman, David with Gabe Lyons. 2007. UnChristian: What a New Generation Really Thinks About Christianity…and Why It Matters. Grand Rapids: BakerBooks.

Kissinger, W.S. 1975. The Sermon on the Mount: A History of Interpretation and Bibliography. ATLA 3. Metuchen: Scarecrow.

Kreeft, Peter. 2007. The Philosophy of Jesus. South Bend, IN: Saint Augustine Press.

Ladd, George Eldon. 1991. A Theology of the New Testament. Grand Rapids: Eerdmans.

Lester, Andrew D. 2007. Anger: Discovering Your Spiritual Ally. Louisville: Westminster John Knox Press.

Lucado, Max. 2012. Fearless. Grand Rapids: Zondervan.

McGrath, Alister. 2004. The Twilight of Atheism. New York: DoubleDay.

McKnight, Scott. 1992. "Gospel of Matthew" pages 526–541 of Dictionary of Jesus and the Gospels in Compendium of Contemporary Biblical Scholarship. Edited by Joel B. Green, Scot McKnight, and I. Howard Marshall. Downers Grove: InterVarsity Press.

McKnight, Scott. 1996. The NIV Application Commentary: 1 Peter. Grand Rapids: Zondervan.

Metaxas, Eric. 2012. Bonhoeffer: Pastor, Martyr, Prophet, Spy. Nashville: Thomas Nelson.

Mitchell, Kenneth R. and Herbert Anderson. 1983. All Our Losses; All Our Griefs: Resources for Pastoral Care. Louisville: Westminster John Knox Press.

Nestle, Eberhard and Erwin, and Barbara and Kurt Aland (Nestle-Aland). 28th edition. Novum Testamentum Graece. Stuttgart: Bibelgesellschaft, 2012.

Neyrey, Jerome H. 1998. Honor and Shame in the Gospel of Matthew. Louisville: Westminster John Knox Press.

Niebuhr, Richard. 2001. Christ and Culture (Orig. pub. 1951). New York: HarperSanFrancisco.

Noll, Mark A. 2002. America's God: From Jonathan Edwards to Abraham Lincoln. New York: Oxford University Press.

Nouwen, Henri J. M. 1975. Reaching Out: The Three Movements of the Spiritual Life. New York: DoubleDay.

Nouwen, Henri J. M. 1989. In the Name of Jesus: Reflections on Christian Leadership. New York: Crossroad Publishing Company.

Nouwen, Henri J.M. 2010. Wounded Healer: Ministry in Contemporary Society (Orig pub 1972). New York: Image Doubleday.

Ortberg, John. 2012. Who Is This Man? The Unpredictable Impact of the Inescapable Jesus. Grand Rapids: Zondervan.

Ortberg, John. 2015. All the Places to Go: How Will You Know? Carol Stream: Tyndale House Publishers.

Plantinga, Alvin. 2000. Warranted Christian Belief. New York: Oxford University Press.

Saslow, Eli, Sarah Kaplan, and Joseph Hoyt. 2015. "Oregon shooter said to have singled out Christians for killing in horrific act of cowardice" Published: October 2, 2015. Washington Post. Cited: 29 December 2015. Online: https://www.washingtonpost.com/news/morning-mix/wp/2015/10/02/oregon-shooter-said-to-have-singled-out-christians-for-killing-in-horrific-act-of-cowardice.

Savage, John. 1996. Listening and Caring Skills: A Guide for Groups and Leaders. Nashville: Abingdon Press.

Scazzero, Peter. 2006. Emotionally Healthy Spirituality. Grand Rapids: Zondervan.

Schnabel, Eckhard J. 2004. Early Christian Mission. Vol 1: Jesus and the Twelve. Downers Grove: InterVarsity Press.

Sedler, Michael D. 2003. When to Speak Up & When to Shut Up: Principles for Conversations You Won't Regret. Minneapolis: Baker Publishing Group (Chosen).

Smith, Houston. 2001. Why Religion Matters: The Fate of the Human Spirit in an Age of Disbelief. San Francisco: Harper.

Smith, James K. A. 2006. Who's Afraid of Postmodernizm: Taking Derrida, Lyotard, and Foucault to Church. Grand Rapids: Baker Academic.

Spangler, Ann and Lois Tverberg. 2009. Sitting at the Feet of Rabbi Jesus: How the Jewishness of Jesus Can Transform Your Faith. Grand Rapids: Zondervan.

Turkle, Sherry. 2011. Alone Together: Why we Expect More from Technology and Less from Each Other. New York: Basic Books.

Wallace, Daniel B. 1996. Greek Grammar Beyond the Basics: An Exegetical Syntax of the New Testament. Grand Rapids: Zondervan.

White, James Emery. 2004. Serious Times: Making Your Life Matter in an Urgent Day. Downers Grove: InterVarsity Press.

Wikipedia. 2015a. "Charleston church shooting" [of June 17, 2015]. Cited: 29 December 2015. Online: https://en.wikipedia.org/wiki/Charleston_church_shooting.

Wikipedia. 2015b. "Demographics of the United States". Cited 29 December 2015. Online: https://en.wikipedia.org/wiki/Demographics_of_the_United_States.

Wikipedia. 2015c. "Presbyterian Church (USA)". Cited: 29 December 2015. Online: https://en.wikipedia.org/wiki/Presbyterian_Church_(USA).

Wilkins, Michael J. 2004. The NIV Application Commentary: Matthew. Grand Rapids: Zondervan.

Yancey, Philip. 1990. Where is God When It Hurts. Grand Rapids: Zondervan.

Younger, K. Lawson. 2002. The NIV Application Commentary: Judges and Ruth. Grand Rapids: Zondervan.

ÍNDICES BÍBLICOS

ANTIGUO TESTAMENTO

Génesis

1:1	43, 168
1:2–4	xiii
1:3	95
1:4	96
1:27	135
1:27	157
1:28	113
2:8–10	124
3:3	234
3:6	6
3:8–9	165
3:15	6, 193
3:21	96, 120
3:23	124
3:24	193
4:3–9	225
4:5–7	194
4:6–7	194
6	133
6:5–6	70
6:5–8	97
6:6	64
6:7–8	70
12:1–3	226
12:2	159, 160
12:2–3	31
12:3	55, 157
13:10	22
18	55
18:2–5	54
18:17–20	22

(Génesis continua)

18:23–32	22
19:16	22
19:26	22
20	55
20:4–6	165
23:2	70
25:26–34	199
30:1	255
30:22–23	255
30:23	249
35:18	63
37	256
37:2–28	199
37:3	256
38–45	256
50:3	70

Éxodo

1:22	71
2:6	71
2:11–15	200
3:1	228
3:7	228
3:10	228
3:12	229
3:14–15	229
4:21	74
7:16	119
17:1–17	118
17:3	125
20	169
20:2	169, 230
20:3	121
34	148

(**Éxodo continua**)

34:6............... 147, 148, 286, 288
34:4–7............................ 142
34:6.................... 19, 100, 147, 149, 153, 158, 182, 281, 283, 286

Levítico

11:44.........................ix, 163
20:17............................. 249
23:34–43......................... 118

Números

11:10.............................. 71
12:3............... 42, 43, 67, 95, 286
12:6–8........................... 43
12:13............................. 71

Deuteronomio

1: 20–37...........................170
4:31............................ 147
6:4............................. 164
6:4–5........................... 179
6:5............................. 164
8:3............................. 131
11:4............................ 224
11:13–15........................ 124
18:15............................ 172
28...............................28
28:1–3.......................... 170
28:15–16........................ 170
28:47–49........................ 125
30:1–3..........................72, 201
30:2–3.......................... 274

Jueces

3:9................................ 73
3:9, 15; 4:3; 6:6–7; and 10:10...... 72
11:30–40......................... 230
17:6............................... 72

1 Samuel

1:1–6............................ 255
10:1............................. 175
11:2............................. 175

2 Samuel

24:21–25........................... 19

1 Reyes

12............................... 203
12:14............................ 203
12:26–29......................... 230
14:16............................ 203

2 Reyes

24–25............................. 65

2 Crónicas

1:10–13.......................... 126
7:14.............................. 55
12:1–2........................... 203

Esdras

1:1–3............................. 65

Job

1:1......................... 171, 231
1–2.........................231, 256
1:8............................. 231
1:9............................. 171
4:7............................. 257

(Job continua)

8:3	257
19:25	231
19:25–27	171
19:26–27	164
42:1–7	171
42:7	257
42:10	257

Salmo

1	28, 30, 38
1:1	171
1:1–2	28, 38
2	29
2:11–12	26
8:2	37
16:10	3
22:1	109, 118
22:6	249
22:23	109
24:1–4	181
24:3–4	163
25:6–7	143
25:9	99
37:11	89, 99
42:1–3	123
51	172
51:10–11	168
51:10–12	164
86	148
86:15	147
89:46	119
103	148
103:8	147
126:5	70
126:5–6	79
130:1–4	73

Proverbios

1:7	126, 171
14:16	258
19:3	261
25:21–22	126

Cantares

2:15	185

Isaías

6: 5	164
6:5	65
9:6	199
9:6–7	194, 204
11:1–5	99
11:6	204
25:8	249, 255, 259
30	29
30:20	29
36–37	149
40:11	104
42:1–3	40
51: 1	240
53:11	223
54:9	98
55:1–2	127
61	38, 48, 64, 286, 287
61:1	44, 48, 98, 102, 287
61:1–3	38, 44, 46, 208
61:2	64

Jeremías

1:15–16	203
3:15	126
6:12–14	201
8:18–19	71
29:11	78

(Jeremías continua)

31:15................................. 63

Ezequiel

1:28................................. 164
2:1............................. 164, 234

Daniel

3:23–25........................... 232
7:13......................... 234, 260

Oseas

6:6.............................143, 152

Joel

2.....................................148
2:13................................ 147
2:28–29..........................274

Jonás

1: 2–3.............................148
3: 9–10........................... 149
4.....................................148
4:2.................... 147, 149, 286

Nahúm

1:1................................. 148

Zacarías

9:9.................................. 99
13:9................................ 189

Malaquías

3:2......................... 83, 189
3:6................................. 100
4:1................................. 65

NEUVO TESTAMENTO

Mateo

1:18–25............................ 27
2:18................................. 62
3:1.................................. 65
3:2........................... 40, 54
4:12................................. 27
4:17............................40, 54
4:19................................. 27
5: 1–11............................. xii
5:3...................... 5, 37, 38
5:3–5....................... 12, 286
5:4.................. 61, 70, 73, 83
5:5.................................. 89
5:6........................... 117, 136
5-6................................. xix
5:6–8....................... 19, 286
5–7.......................... xvii, 26
5:7................................. 141
5:8................................. 163
5:9........................... 193, 215
5:9–11..................... 23, 287
5:10................................ 223
5:11................................ 247
5:11–12............................ 30
5:12................................ 240
5:13......................... 47, 241
5:14–16...................... xiii 48
5:17............. 42, 45, 183, 285
5:19–20........................... 40
5:20................................ 41
5:21–26.......................... 194
5:22................................. 91
5:27–29........................... 174
5:29................................ 174
5:30................................ 174

308 *Vida en Tensión*

(**Mateo continua**)
5:37	91
5:390	235
5:39–41	91
5:41	236
5:43–45	21
5:44	23, 226, 235, 282
5:44–45	126
5:44–48	195
6:10	157
6:10–15	158
6:11	120
6:12	144, 158
6:14–15	54, 158
6:15–34	66
6:21	129
6:25	78
6:31–33	121
6:33	66
7:1	236
7:12	144
8:12, 13:42, 13:50, 22:13, 24:51, y 25:30	63
9:13	143, 152
9:15	63, 279
10	195, 227
10:11–15	23
10:13	195
10:14	23
10:24–25	226
10:34	195
10:39	232
10:42	103
11:28–30	10, 12
11:29	90, 100, 103
12:7	143, 152
18:33	144
21:5	90

(**Mateo continua**)
21:16	37
22:17–22	92
22:21	236
22:36–40	164
23.9	215
23:23	143
23–25	178
23:34–47	209
25:14–30	258
25:31–46	120
25:37	132
26:39	49, 50, 81
26:42–44	51
26:62–63	90
26:64	260
27.5	262

Marcos
2:27	75
3	74
3:3–6	74
3:4–6	76
5:15	209
5:20	209
5:38–41	77
13:12–13	251
15:34	109, 250

Lucas
4	38
4:4	131
4:14–21	207
4:18–19	44, 46
4:31–38	208
4:41	209
6:20	39
6:20, 24	66

(Lucas continua)

6:21	71, 79
6:22	247
6:27–28	48
7:11–16	63
7:33–35	166
7:36–50	190
9:52–56	22
10: 25–37	218
10:29	152
10:36	153
10:37	153
21:12–13	236
22:25–26	50
23:34	239, 263, 282
23:39–43	224

Juan

1:4	64
1:14	148
1:16–17	182
2:1–10	131
2:1–11	117
2:6–10	212
3:16	211
3:17	133
4:28–30	209
4:32	131
5:19	157
6:5–14	117
6:11	131
6:35	118
7:2	118
7:37–39	118
10:11	104
10:11–16	126
11–12	63

(Juan continua)

11:33–34, 43	77
13:1–3	49
13:3–14	49
13:4–5	49
13:8–9	50
13:34–35	21
14:6	100
14:27	196
15:2	174
16:7–8	178
18:31	261
20:21	207
20:21–22	166
21:3–13	117
21:15	105
21:15–18	105

Hechos

1:6–8	53, 55
1:7–8	57
1:8	261, 264, 272
1.8	265
2:14–41	3
2:17–18	274
2:44–45	252
4:15	178
4:29–31	273
6:13–14	260
7	236
7:48–53	225, 260
7:58	261
7:60	263
8:1	260, 261, 265
8:1–3	261
8:4	261, 264
9:3, 22:6, y 26:13	164
9:4	262, 264, 266

(Hechos continua)

9:4–5 14
9:5 265
9:5–6 262
9:15–16 .... 16, 262
11:19 ....265, 266
11:19–21 264
11:22 264
13:16–41 3
15:19–20 184
22:20 263
4:15 .... 279, 283

Romanos

1:28 125
5:6–8 248
6:19 ix
7 17
7:14 169
7:15 8
7:18–19 108
8:22 77
8:31 229
8:34–39 240
8:35–37 225
8:38–39 291
10:9 3
11:36 283
12:14 239
12:14–15 77
12:15 281
12:18 211
12:19 263
12:20–21 133

1 Corintios

3:12–13 189
4:10–11 129
6:19 132
9:22 190
9:42 130
15: 3 287
15:3 .... 142, 214, 234
15:3–5 210
15:3–10 172
15:17 15
15:20 178
15:55 110

2 Corintios

1.5 110
3:16 ix
4:7–10 109
5:17 xiii
5:17–20 274
7:10 ....62, 74, 78
10:1 90
11:7 130
11:23–28 ....17, 130
12:7 17
12:9 131
12:10–11 129

Gálatas

3:13 178
3:27–28 .... 235, 238
5:19–23 ....33, 95, 104, 279
5:19–24 ....216, 218
5:22–23 ....159, 215

Efesios

3:20 117
4:20–24 176
6:13–17 179

Filipenses

3:6 .... 171, 261
3:8 17
3:8–9 113
3:10–11 .... 3, 7, 77, 282, 290
3:10–12 .... 292, 293
3:14 4
3:20 240

Colosenses

1:24 4
3:12–14 104

1 Tesalonicenses

4:13 78
5:19 x

1 Timoteo

4:7 177
6:11 107

2 Timoteo

2:24–26 104

Santiago

1:2–4 223
1:21 90
1:22–25 177
2:13 154
2:15–16 21
2:23 43
3:13 104

(Santiago continua)

4:8–10 67

1 Pedro

1:3 .... 4, 77, 291
1:3–5 154
2:10–12 240
2:24 234
3:13–17 .... 90, 241
3:14–15 267
3:15 .... 104, 271, 275
4:16 224

Apocalipsis

3:15–16 .... 273, 275
3:20 6
7:17 .... 105, 107
21:6 .... 132, 133
22:3 178
22:3–4 165
22:4 252
22:17 127

ACERCA DEL AUTOR

El autor Stephen W. Hiemstra vive en Centreville, Virginia, con Maryam, su esposa de más de treinta y cinco años. Juntos, tienen tres hijos adultos.

Stephen trabajó como economista durante veintisiete años en más de cinco agencias federales, donde publicó numerosos estudios gubernamentales, artículos de revistas y reseñas de libros.

Escribió su primer libro, *A Christian Guide to Spirituality* en 2014. En 2015, tradujo y publicó una edición española, *Una Guía Cristiana a la Espiritualidad*. En 2016, escribió un segundo libro, *Life in Tension*, que también se enfoca en la espiritualidad cristiana. En 2017, publicó una memoria, *Called Along the Way*. En 2018, publicó *Spiritual Trilogy* (una compilación de libros electrónicos) y su primer libro de tapa dura, *Everyday Prayers for Everyday People*. En 2019, publicó *Simple Faith*. En 2020, publicó *Living in Christ*, que es el quinto y último libro de su serie de la espiritualidad cristiana.

Stephen tiene una Maestría en Divinidad (MDiv, 2013) de Gordon-Conwell Theological Seminary en Charlotte, Carolina del Norte. Su doctorado (PhD, 1985) es en economía agrícola de Michigan State University. Él estudió en Puerto Rico y Alemania, y habla español y alemán.

Corresponda con Stephen a T2Pneuma@gmail.com o siga su blog en http://www.T2Pneuma.net.

Si le gusta este libro, por favor, recomiéndelo en línea.

www.ingramcontent.com/pod-product-compliance
Lightning Source LLC
Chambersburg PA
CBHW050311120526
44592CB00014B/1864